SABIDURIA
DE UN POBRE

MARAN-ATHA

P. ELOI LECLERC

FRANCISCANO

SABIDURIA
DE UN POBRE

EDICIONES MAROVA, S. L.

Cedaceros, 3 - 2º - 28014 Madrid

La presente obra fue publicada en su versión original por Les
Editions Franciscaines, bajo el título: *Sagesse d'un pauvre*.

La traducción ha sido realizada por *Ana María Fraga* y *María
José Martí*.

UNDECIMA EDICION

Con censura eclesiástica. 13-VIII-64.

Depósito legal: M-24187-1990.
ISBN: 84-269-0142-5 (rústica).
Código 231004 (rústica).

© EDITIONS FRANCISCAINES, París (Francia).
   EDICIONES MAROVA, S.L., Cedaceros, 3 - 2.º - 28014 Madrid.
   (España), 1987.

Printed in Spain. Impreso en España.
Por Gráficas ZENIT
Cmno. de Hormigueras, 170 - 28031 Madrid.

A MIS QUERIDOS PADRES

> «*Dios espera en donde
> están las raíces.*»
> RAINER M.ª RILKE

Indice

Prólogo
a la edición española

Decir que Francisco de Asís tuvo la virtud de amar todo lo que en las criaturas hay digno de ser amado, con ojos limpios de prejuicios, sería bastante exacto. Pero esta imagen es susceptible de adquirir mayor fuerza utilizando otra expresión, tal vez más inexacta, pero de una riqueza más penetrante, más incisiva, más útil para despertar en nosotros el hambre de acercarnos al tú a tú.

O sea, Francisco tuvo, ante todo, dos «vicios ejemplares»: el de la sencillez y el de la amistad. La pobreza será como el residuo de ambas. No, ciertamente, como un resto despreciable. Lo cual podría ser, por ejemplo, un simple no tener nada. Sino como expresión profundísima del desasimiento más radical de todo lo que se posee y de toda posibilidad de poseer—incluida la posesión de la satisfacción de no contar con nada.

El maravilloso vicio de San Francisco fue el de derramarse sin medida sobre las piedras, los animalillos, las plantas, las puestas de sol, los hombres. Francisco tenía los sentidos agujereados del todo. Su personalísimo sufrimiento consistía en que su capacidad de vaciarse era superada en mucho por la íntima inundación de su llenarse. Pero un día, el Señor calentó el alma del santo hasta lo más hondo, lo más suyo, hasta la raíz misma de su ser. Y entonces vivió el dolor del árbol viejo, ese dolor de muerte que la primavera sopla por entre la madera de todo árbol viejo, para apremiarle al cántico de su última flor, la más bella. [La flor de saberlo ya todo en la sencillez de saberse uno mismo nada. Ese día la Sabiduría le abrió su secreto: vivir en el tiempo de Dios, en una aceptación total de sí mismo y de El. Trabajar y jugar y dormir, en sus brazos siempre. El alma del santo—agotada por el esfuerzo de buscar su sitio en la armonía—, quedó, luego de la revelación, relajada, extendida, abrigada por la suprema Misericordia. Al ritmo de Dios en la paz de Dios. Y su cuerpo, así pacificado, pudo ser caño libre, sin dificultades ni preocupaciones escrupulosas, del gran amor de Dios hacia los hombres.]

Que Dios es Dios. QUE DIOS ES. Saber esto fue la sabiduría del pobre de Asís. Luego queda ya el silencio de la plenitud. Y el derrocharse entonces todo a la vez, casi en acto único, parecidamente a como lo haría un ángel, o como esas florecillas que viven sólo unos instantes, el tiempo justo para alabar al Creador en su estallido de color y gracia. Como una vidriera iluminada de golpe por un relámpago y resumida en su afirmación de luz por la limitación de sus plomos. En su donación y renuncia llegó a la definitiva madu-

14

rez del que ya nada espera sino sentarse a esperar el regalo de la muerte. ✓

Para leer—tomando el pulso—estas páginas, retales nada más de la vida de Francisco, hemos de prescindir de ideas previas, desnudarnos de intenciones estéticas, incluso de propósitos más o menos piadosos, pero que podrían emborronar la espiritualidad del santo.

Para que los mismos silencios, esas pausas maravillosas de San Francisco, no queden marcados por nuestros prejuicios, será necesario poner nuestro corazón a la espera. Estar a la espera de su silencio. Y así unirlo, en un todo, sin mezclas ni impurezas, a su palabra.

Esta actitud de máximo respeto y de rigurosa higiene mental es sólo la condición indispensable para poder ser despertados al cariño y a la amistad que con toda sencillez nos ofrece Francisco. Pero «estar despiertos» no lo es todo. Falta, además, ponerse en marcha para realizar el encuentro a la mitad del camino. Pues dos amigos se encuentran siempre «a mitad de camino». No porque hayan convenido eso, no. Sino porque ambos salieron a la vez de casa.

Naturalmente que esta «mitad» no tiene nada que ver con la mitad aritmética—el cariño es una apuesta contra la insolencia de los números—. «A mitad de camino» quiere decir el sitio donde dos amigos se encuentran y comulgan todo el cansancio de sus pasos, el polvo de sus zapatos.

Nuestra aportación a las páginas que vienen ha de

ser la que ellas mismas piden: <u>ausencia de malicia, sencillez en los ojos y corazón abierto.</u>

Sólo así purificados es hacedero el complemento humano que las tapas de este libro exigen para poder alumbrar a la vida su depósito de pensamientos. Precisamente es eso—el suceso de completarse hombre y libro—el hallazgo, el abrazo, agotado ya el camino por el andar de los amigos.

JUAN MANUEL LLOPIS

Prefacio

La palabra más terrible que haya sido pronunciada contra nuestro tiempo es quizá ésta: «Hemos perdido la ingenuidad.» Decir eso no es condenar necesariamente el progreso de las ciencias y de las técnicas de que está tan orgulloso nuestro mundo. El progreso es en sí admirable. Pero es reconocer que este progreso no se ha realizado sin una pérdida considerable en en plano humano. El hombre, enorgullecido de su ciencia y de sus técnicas, ha perdido algo de su simplicidad.

Apresurémonos a decir que no había solamente candor y simplicidad en nuestros padres. El cristianismo había asumido la vieja sabiduría campesina y natural nacida al contacto del hombre con la tierra. Había, sin duda, todavía mucho más de tierra que de cristianismo en muchos de nuestros mayores. Más de pesadez que de gracia. Pero el hombre tenía entonces raíces poderosas.

Los impulsos de la fe, como las fidelidades humanas, se apoyan sobre adhesiones vitales e instintivas particularmente fuertes. Y no estaban de ningún modo sacudidas o enervadas. El hombre participaba del mundo, ingenuamente.

→ Al perder esta «ingenuidad», el hombre ha perdido también el secreto de la felicidad. Toda su ciencia y todas sus técnicas le dejan inquieto y solo. Solo ante la muerte. Solo ante sus infidelidades y las de los otros, en medio del gran rebaño humano. Solo en los encuentros con sus demonios, que no le han desertado. En algunas horas de lucidez el hombre comprende que nada, absolutamente nada, podrá darle una alegre y profunda confianza en la vida, a menos que recurra a una fuente que sea al mismo tiempo una vuelta al espíritu de infancia. La palabra del Evangelio no ha aparecido jamás tan cargada de verdad humana: «Si no os hacéis como niños no entraréis en el reino de los cielos.»

En este camino que conduce al espíritu de infancia, un hombre tan simple y tan pacificado como San Francisco de Asís tiene algo que decirnos. Algo crucial y decisivo. Este santo de la Edad Media nos está asombrosamente próximo. Parece haber sentido y comprendido nuestro drama de antemano, él que escribía: «Salve, Reina Sabiduría, que Dios te salve con tu hermana la pura simplicidad.» Sentimos demasiado claro que no puede haber sabiduría para nosotros que somos tan ricos en ciencia sin una vuelta a la pura simplicidad. Pero ¿quién mejor que el pobre de Asís puede enseñarnos lo que es la pura simplicidad?

Es la sabiduría de San Francisco lo que se propone

evocar este libro: su alma, su actitud profunda ante Dios y ante los hombres. No hemos tratado de escribir una biografía. Sin embargo, nos hemos atenido a la fidelidad. Una fidelidad menos literal, menos interior, más profunda que la del simple relato histórico. Se puede abordar una vida como la de San Francisco desde el exterior intentando penetrar en el alma del santo poco a poco, a partir de los hechos. Este proceso es normal y siempre necesario. Pero cuando se ha hecho esto y se ha llegado así a penetrar algo en su riqueza interior, se puede intentar expresarla y hacer sensible esta plenitud. Y puede ser que entonces se deba recurrir a un modo de expresión más parecido al arte que a la historia propiamente dicha, si no se quiere traicionar la riqueza percibida. Con este cuidado de fidelidad, más espiritual que literal, hemos procurado hacer sensible al lector la experiencia franciscana bajo su doble aspecto. Por un lado, esta experiencia rezuma sol y misericordia. Por otra parte, se hunde en la noche de los grandes desnudamientos. Estos dos aspectos son inseparables. La sabiduría del pobre de Asís, por muy espontánea y radiante que nos parezca, no ha escapado a la ley común: ha sido fruto de la experiencia y de la prueba. Ha madurado lentamente en un recogimiento y despojamiento que no han cesado de profundizarse con el tiempo.

Este despojo llegó a su cumbre en la crisis gravísima que sacudió a la Orden y que sintió él mismo de una manera extremadamente dolorosa. En el relato que se va a leer se ha procurado expresar la actitud profunda de San Francisco a lo largo de esta dura prueba. El descubrimiento de la sabiduría se ha inscrito para él en una experiencia de salvación, de salvamento, a partir de una situación de pobreza: «Salve, Reina Sabiduría, que Dios te salve.» Francisco ha comprendido que la sabiduría misma tiene necesidad de ser salvada, que no puede ser más que una sabiduría de salvación.

El punto de la crisis que va a ser evocada fue, ya se sabe, el desarrollo rápido de la Orden y la entrada masiva de clérigos en la comunidad de hermanos. Esta situación nueva presentaba un difícil problema de adaptación. Los hermanos, en número de seis mil, no podían vivir ya en las mismas condiciones que cuando eran una docena. Por otra parte, nacían necesidades nuevas en el seno de la comunidad, por el hecho de la presencia de numerosos hombres instruidos. Una adaptación del ideal primitivo a las nuevas condiciones de existencia se imponía. San Francisco tenía perfecta conciencia de ello. Pero se daba cuenta también que entre los hermanos que reclamaban esta adaptación muchos eran empujados por un espíritu que no era el suyo. Ninguno más consciente que él de la originalidad de su ideal. Se sentía responsable de esta forma de vida que el Señor mismo le había revelado en el Evangelio. Era preciso, sobre todo, no traicionar esta inspiración primera y divina. Además, se debía evitar el tropezar con las legítimas susceptibilidades de sus primeros compa-

'ñeros; estas almas simples no dejarían de turbarse por innovaciones inconsideradas. La adaptación se presentaba, pues, como una tarea delicada. Pedía mucho discernimiento, tacto y también lentitud. Estas condiciones no fueron respetadas. Los vicarios generales, a quienes Francisco había confiado el gobierno de la Orden durante su estancia en Oriente, desplegaron una actividad intempestiva. Quemaron etapas. Resultó una crisis muy grave que hubiese podido llegar hasta la ruptura.

Esta crisis fue para Francisco una prueba terrible. Tuvo el sentimiento de fracaso. Dios le esperaba allí. Fue una suprema purificación. Con el alma desgarrada, el pobre de Asís avanzó hacia una desposesión de sí completa y definitiva. A través de la turbación y **de las lágrimas iba por fin a llegar a la paz y la alegría.** Al mismo tiempo salvaba a los suyos, revelándoles que la forma más elevada de la pobreza evangélica es también la más realista: aquella en que el hombre reconoce y acepta la realidad humana y divina en toda su dimensión. Era el camino de salvación para su Orden: ésta, en lugar de aislarse en una especie de protestantismo ante la letra, iba a encontrar en el seno mismo de la Iglesia su equilibrio interior y su perennidad.

Capítulo I
Cuando ya no hay paz

Dejando el camino polvoriento y ardiente del sol, sobre el que habían caminado largas horas, hermano Francisco y hermano León se habían metido en el angosto sendero que se hundía en el bosque y que llevaba directamente a la montaña. Avanzaban penosamente.

El uno y el otro estaban cansados. Habían pasado mucho calor caminando a pleno sol con sus sayales pardos. Así apreciaban ahora la sombra que echaban las hayas y las encinas. Pero el barranco subía ásperamente. Sus pies desnudos, a cada paso, rodaban sobre las piedras.

En un lugar donde la pendiente se hacía más dura, Francisco se paró y suspiró. Entonces su compañero, que iba algunos pasos delante, se paró también y, volviéndose hacia él, le preguntó con una voz llena de respeto y cariño:

—¿Quieres, Padre, que descansemos aquí un instante?

—Sí, hermano León—respondió Francisco.

Y los dos hermanos se sentaron, uno al lado del

otro, al borde del camino, con la espalda apoyada en el tronco de un enorme roble.

—Tienes aspecto de es ar muy cansado, Padre—observó León.

—Sí, lo estoy—respondió Francisco—. Y tú también, sin duda. Pero allá arriba, en la soledad de la montaña, todo se arreglará. Ya era tiempo de que saliera. Ya no podía estar más entre mis hermanos.

Francisco se calló, cerró los ojos y permaneció inmóvil, con las manos cruzadas sobre las rodillas, la cabeza un poco apoyada hacia atrás contra el árbol. León le miró entonces atentamente. Y tuvo miedo. Su rostro no estaba solamente hundido y demacrado, sino deshecho y velado por una profunda tristeza. Ni el menor espacio de luz sobre esta cara antes tan luminosa. Sólo sombra de angustia, de una angustia honda, que hundía sus raíces hasta el fondo del alma y la devoraba lentamente. Parecía el rostro de un hombre en una terrible agonía. Un trazo duro atravesaba la frente, y la boca tenía un gesto amargo.

Por encima de ellos, escondida en el follaje espeso de un roble, una tórtola dejaba oír su arrullo quejoso. Pero Francisco no la oía. Estaba metido completamente en sus pensamientos. Le llevaban constantemente, a pesar suyo, a la Porciúncula. Su corazón estaba atado a esta humilde parcela de tierra situada cerca de Asís, y a su iglesita de Santa María, que él mismo había restaurado con sus manos. ¿No era allí donde quince años antes el Señor le había hecho la gracia de comenzar a vivir con algunos hermanos

28

según el Evangelio? Todo era entonces bello y luminoso, como una primavera de la Umbría. Los hermanos formaban una verdadera comunidad de amigos. Entre ellos el trato era fácil, simple, transparente. Era, en verdad, la transparencia de una fuente. Cada uno estaba sometido a todos y no tenía más que un deseo: seguir la vida y la pobreza del altísimo Señor Jesucristo. Y el Señor mismo había bendecido esta pequeñita fraternidad. Y se había multiplicado rápidamente. Y a través de toda la Cristiandad habían florecido otras pequeñas fraternidades de Hermanos. Pero ahora todo estaba amenazando ruina. Ya no había unanimidad en la simplicidad. Entre los hermanos se discutía ásperamente y se destrozaban. Algunos de ellos, que habían entrado tarde en la Orden, pero influyentes y con elocuencia, declaraban sin parpadear que la regla, tal como estaba, no respondía ya a las necesidades de la comunidad. Tenían sus ideas sobre la cuestión. Era preciso, decían, organizar la multitud de Hermanos en una Orden fuertemente constituida y jerarquizada. Y por esto se debía inspirar en la legislación de las grandes Ordenes antiguas y no retroceder ante construcciones amplias y duraderas, que darían a la Orden de Hermanos Menores más altura. Porque, añadían, en la Iglesia, como en todas partes, se respeta al que se hace respetar.

Estos, pensaba tristemente Francisco, no tienen el gusto de la simplicidad y de la pobreza evangélica.

Veía que estaban minando la obra que él había edificado con la ayuda del Señor. Y eso le hacía daño, muchísimo daño. Y luego los otros, todos los que so capa de libertad evangélica o por tener aspecto de menospreciarse a sí mismos se permitían toda clase de fantasías y originalidades del peor gusto. Su conducta inquietaba a los fieles y desacreditaba a todos los hermanos. Estos también minaban la obra del Señor.

Francisco volvió a abrir los ojos, y fijando intensamente la mirada, murmuró:

—Hay demasiados Hermanos Menores.

Después, bruscamente, como para rechazar esta idea importuna, se levantó y volvió a ponerse en camino.

—Tengo ganas—dijo—de llegar allá arriba y encontrar un verdadero nido de Evangelio. Sobre el monte el aire es más puro y los hombres están más cerca de Dios.

—Nuestros hermanos Bernardo, Rufino y Silvestre estarán contentísimos de volver a verte—dijo León.

—A mí también me da mucha alegría—dijo Francisco—. Ellos me han permanecido fieles. Son los compañeros de la primera hora.

León iba delante. Francisco seguía penosamente; pensaba en los últimos meses que acababa de pasar en el convento de la Porciúncula, y durante los cuales había multiplicado los esfuerzos para llevar a sus hermanos a la vocación. En el último capítulo general de Pentecostés se habían reunido todos. El les había dicho entonces claramente lo que pensaba. Pero se había dado cuenta en seguida de que él y una fracción importante de la comunidad ya no hablaban el mismo lenguaje. Intentar convencerles era tiempo perdido. Entonces él se había levantado ante los tres mil hermanos reunidos. Noble y salvaje, como madre a quien quieren arrancarle los hijos, había gritado: «El Evangelio no tiene necesidad de ser justificado. Hay que tomarlo o dejarlo.» Sus primeros discípulos, los compañeros fieles, se habían regocijado. Esperaban que iba a volver a tomar en sus manos la dirección de la Orden. Pero las fuerzas físicas le traicionaban. Había vuelto de Palestina con la salud completamente deshecha. Para hacer frente a los descontentos hacía falta un hombre recio, con un temperamento fuerte de jefe. El cardenal Hugolín, protector de la Orden, aconsejaba al hermano Elías. Y Francisco había consentido, no sin aprensión, sin embargo.

En cuanto a él, enfermo del hígado y del estómago, con los ojos infectados y quemados por el sol de Oriente y por las lágrimas, había tomado la postura de callarse y de rezar. Pero una tristeza pesada había caído sobre él. Como una especie de herrumbre, se había apegado a su alma y la atacaba, consumiéndola día y noche. El porvenir de su Orden le parecía muy sombrío. Veía a los suyos divididos. Le contaban los malos ejemplos que daban algunos hermanos y el escándalo que producían entre los fieles. El mismo fray Elías, a la cabeza de la Orden, se daba aires de gran señor y favorecía a los innovadores. La pena de Francisco era demasiado grande para poder ocultarla. Ya no podía mostrar a sus hermanos el rostro abierto y alegre, como siempre había hecho. Y por eso, se iba lejos, para ocultar su tristeza en la montaña, en medio del bosque. Había resuelto retirarse a una de aquellas ermitas que había construido él mismo algunos años antes sobre las estribaciones de los Apeninos. Allí, al menos, en silencio y soledad, ya no oiría hablar de malos ejemplos. Allí también ayunaría y rogaría, hasta que el Señor tuviera piedad de él y se dignase mostrarle su rostro.

Llegados a la cima de la primera colina, Francisco y León vieron cómo se levantaba ante ellos la montañita cubierta de bosque, en medio de la cual se escondía la humilde ermita de los hermanos. Se pararon un instante para contemplar la pirámide verde sobresaliendo de un contrafuerte de los Apeninos. El verde, del que estaba vestida la ladera, enmascaraba su aspereza y su carácter salvaje. La otra ladera, que no se veía, pero que Francisco conocía muy bien, era muchísimo más abrupta; estaba formada por un derrumbamiento de rocas. Por encima de la montaña, y tan lejos como podía alcanzar la vista, el cielo estaba maravillosamente claro y luminoso. Era una tarde bella y tranquila del final del verano. El sol acababa de desaparecer en el horizonte detrás de la cresta de las grandes montañas. Ya no se percibía más que un vapor de luz por encima del poniente. El aire comenzaba a refrescar imperceptiblemente. Una niebla ligera azulada se extendía y flotaba por encima de los barrancos violáceos.

El sendero subía ahora serpenteando sobre el flanco de la montaña. Los dos hermanos avanzaban lentamente y en silencio. Francisco caminaba un poco encorvado, con los ojos fijos en el suelo. Iba con ese paso torpe del hombre que se dobla bajo una carga demasiado pesada. Lo que le agotaba no era el peso de los años (tenía poco más de los cuarenta), ni tampoco el peso de sus pecados, aunque nunca se hubiese sentido más pecador ante Dios que ahora; ni era tampoco el peso de la Orden en general; él no conocía la Orden en general, nunca conocía nada en general, y para hacer que se doblara hacía falta algo mucho más pesado que visiones abstractas. Lo que le hacía andar así, casi titubeando, era el pensamiento y el cuidado de cada uno de sus hermanos en particular. Cuando pensaba en ellos—y jamás dejaba de pensar—los veía con su fisonomía propia, con sus alegrías y con sus sufrimientos particulares que tenía el don de hacer suyos. Sentía el drama que se desarrollaba en cada momento en el corazón de un gran número de sus hijos y lo sentía con el matiz propio de cada uno de ellos, de una manera profunda y punzante. Tenía un poder extraordinario de sentir. Había en él como un instinto maternal. Y es posible que tuviese esta sensibilidad por su madre, *donna Pica.* «Si una madre quiere y alimenta a sus hijitos según la carne—le gustaba repetir a él—, mucho más debemos nosotros querer y alimentar a nuestros hermanos según el Espíritu.»

Todavía joven, cuando estaba en el mundo, su rica sensibilidad hacía de él un ser particularmente receptivo y tierno. Vibraba con todo lo vivo, joven, noble y hermoso: con las proezas de los caballeros, con los poemas de amor, con lo bello de la Naturaleza, con la dulzura de la amistad. Y esta sensibilidad le hacía compasivo con los pobres; todo su ser se derramaba cuando uno de ellos se le arrimaba con estas palabras: «Por el amor de Dios.» Su conversión no había destruido su humanidad. No había roto su capacidad. No había hecho más que profundizarla y purificarla. Dios le había hecho sentir la vanidad de su vida. Y él se había vuelto atento a llamadas más profundas. A la del leproso que encontró un día en el campo de Asís y que besó, a pesar de su fuerte repugnancia. A la del crucifijo de la iglesita de San Damián, que se había hecho vida a sus ojos y le había dicho: «Francisco, vete, repara mi casa, que, como ves, amenaza ruina.» Su poder de sentir se había agudizado. Y, al mismo tiempo, se había transformado en una capacidad inmensa de sufrimiento.

Ahora caía el día. Bajo los olmos y los pinos que escalaban la roca ya se había hecho oscuro. En el bosque, un pájaro nocturno lanzó su grito. El hermano León observó:

—No llegaremos antes de la noche.

Francisco no dijo nada. Pero pensaba interiormente que así sería mejor. Los hermanos de la ermita notarían menos su tristeza.

Pasaron delante del arroyito adonde los hermanos venían todos los días a coger agua, el murmullo en la oscuridad señalaba su presencia. Ya no estaba muy lejos. Sólo a la distancia de uno o dos tiros de piedra. Francisco sintió entonces una duda en el alma. Tenía por costumbre decir siempre cuando llegaba a una casa: «Paz a esta casa», como pide el Señor en el Evangelio. Pero ¿tenía derecho a hacerlo ahora? ¿No era desleal por su parte ofrecer una cosa que no tenía, presentarse como un mensajero de paz cuando tenía el corazón vacío de ella? Francisco levantó los ojos al cielo. Entre las ramas de los pinos, que levantaban su masa negra de una a otra parte del sendero, se desenrollaba una estrecha cinta de cielo azul profundo. Las estrellas se encendían lentamente en el firmamento. Francisco suspiró. En su noche no había estrellas. Pero ¿es que hacía falta que amaneciera el día para seguir el Evangelio y obrar como lo pide el Señor?

En este momento llegaron a la altura de la capillita de la ermita. Ya el hermano León le rodeaba por detrás. Entonces Francisco, elevando su voz, gritó en el silencio de la noche:

—En el nombre del Señor, paz a esta casa.

Y el eco en los bosques repitió: «...a esta casa».

Capítulo II
Solo en la noche

Al lado mismo de la ermita estaba la casa de los hermanos. Si se podía llamar casa a una cabaña construida de tierra apisonada y cubierta de ramas. Cinco o seis personas bastaban para llenarla. La luz entraba escasamente por una estrecha abertura hecha en la pared. El suelo era roca desnuda. Por todo mobiliario, un banco de piedra y una gran cruz de nogal negra, que colgaba de la pared. En una esquina, unas piedras grandes hacían de hogar. La cabaña era a la vez cocina, refectorio y lugar de reunión. Pero los hermanos no dormían allí. Sus celdas se encontraban un poco más allá, en la ladera abrupta de la montaña; estaban formadas por grutas naturales, bastante profundas, a las que se llegaba por en medio de un montón de rocas. Para dar con estos agujeros de sombra en la muralla hacía falta hacerse semejante a la gamuza, ágil, ligera, aérea. Porque en algunos sitios la pendiente caía a pico sobre el barranco.

La llegada de Francisco y León a la ermita no cambió nada la vida de los hermanos. Era una vida completamente simple. Allá arriba se seguía la regla que Francisco había dado no hacía mucho, especialmente para las ermitas: «Los que quieran vivir como religiosos en las ermitas—había escrito Francisco—, vivirán tres o cuatro juntos a lo sumo. Dos se ocuparán de las cosas materiales y procurarán los alimentos necesarios para todos. Serán como madres y considerarán a los otros como a sus hijos. Llevarán la vida de Marta, mientras que los otros dos no harán otra cosa que rezar hasta el momento en que cambien estas funciones.»

Así, por turno, dos hermanos se encargaban del cuidado material de la comunidad, mientras que los otros se daban libremente a la oración. En este sitio salvaje y escarpado, en que para ir a cualquier sitio había que hacer subidas difíciles y bajadas en pendiente, peligrosas, el cuerpo mismo estaba sometido a una disciplina de aligeramiento y de purificación y se hacía dócil al espíritu. Para vivir esta vida de oración era necesario tener un temperamento de juglar y de acróbata. No tener miedo de caminar con las manos ni rozarse los vestidos en la roca áspera. Esta acrobacia, en el pensamiento de Francisco, era una manera de alabar a Dios y también una gran sabiduría. El cuerpo y el alma asociados estrechamente, participaban en un solo impulso y volvían a encontrar su unidad en la paz verdadera del espíritu.

Sin comodidad ni brillo, esta vida no toleraba artificios. El hombre se veía obligado a reencontrar su verdad. Se hacía sobrio de palabras y de gestos. Sus mismos sentimientos se apaciguaban y se hacían más simples. No a fuerza de lecturas ni de repliegamiento sobre sí, sino por esta santa y áspera obediencia a las cosas a que obliga la pobreza cuando se acepta en todo su rigor. Era una escuela ruda. El hombre aprendía a sentir en ella de una manera nueva, mucho más simple, mucho más real.

Los únicos libros conocidos en la ermita eran los de la Liturgia, el Misal y el Libro de las horas canónicas. Más aún, no había más que un solo ejemplar de estos libros para todos los hermanos. Pero la Palabra de Dios, que estaba escrita en ellos, encontraba aquí todo su sentido y de algún modo su frescura original. No se la forzaba o turbaba por un montón de otras lecturas. Nada ayuda a saborear ni a comprender tanto la Palabra de Salvación como vivirla uno mismo hasta el límite. Solamente cuando uno se ha expuesto a todas las intemperies, se da cuenta verdaderamente de lo que es un techo. Y lo mismo cuando se vive lejos de todo apoyo humano y de todo lo que da habitualmente a la existencia una apariencia de solidez, se encuentra la verdad de estas palabras: «Mi roca, mi fortaleza, eres Tú.» Porque entonces el hombre puede ver sin miedo que su existencia tiembla como el tallo frágil de una orquídea silvestre en el borde de la roca por encima del abismo. Cuando, a la caída de la tarde, reunidos en la capilla, los hermanos recitaban en Completas el versículo: «Guárdanos, Señor, como a la pupila de tus ojos», sabían que decían algo muy real. Todas estas fórmulas tenían para ellos el sabor de las cosas reales. Y no estaba Dios por un lado y la realidad por otro. Dios mismo era real, en el corazón mismo de las cosas reales.

Francisco había probado muchas veces lo bienhechora que era esta vida de soledad. Ya habían pasado muchos días desde su llegada a la ermita. Pero esta vez la paz no volvía a su alma. Por la mañana, muy tempranito, oía la misa que decía el hermano León, después se retiraba a la soledad. Allí oraba largamente, y lo hacía en medio de grandes angustias.

Le parecía entonces que Dios se había alejado de él, y llegaba a preguntarse si no había presumido de sus fuerzas. En algunos momentos recurría a la oración de los salmos para expresar su tristeza. «Has alejado de mí a mis amigos—decía a Dios—. Yo soy un extranjero para mis hermanos. Mis ojos se consumen en el sufrimiento. Tiendo hacia Ti mis manos. ¿Por qué rechazas mi alma? ¿Por qué me escondes tu rostro? Estoy cargado de terror, estoy turbado.»

Pero su plegaria se hacía más viva todavía cuando recitaba este versículo: «Enséñame tus caminos, oh Dios, oh Eterno.» En esta súplica derramaba toda su alma. Expresaba con ella su deseo vehemente de conocer la voluntad de Dios sobre él. Ya no sabía lo que Dios quería de él y se preguntaba con angustia qué debía hacer para serle agradable. Desde su conversión no había cesado de tender hacia el bien. Creía que se había dejado conducir por Dios. Y había tropezado con el fracaso. Al seguir la pobreza y la humildad del Señor Jesucristo, no había buscado otra cosa que la Paz y el Bien. Y sobre sus pasos había germinado la cizaña y cada vez se extendía más.

Muchas veces su oración se prolongaba hasta muy tarde, hasta la noche. Una tarde que estaba así rezando estalló una gran tormenta. Ya había caído la noche. Una noche pesada y oscura que se iluminaba de repente con grandes relámpagos deslumbrantes. A lo lejos el trueno gruñía sordamente. Poco a poco los estallidos se acercaban y en seguida la tempestad estalló con toda su fuerza encima mismo de las ermitas. Cada detonación parecía como el choque de un enorme carnero contra la montaña. Se oía primeramente en lo más alto del cielo un ruido estridente y rápido como una tela que se desgarra de un solo golpe. Después era como un crujido espantoso cuyo ruido estremecía toda la montaña. Parecía entonces que lo que acababa de caer del cielo continuaba su estrépito bajo tierra y se arrastraba, haciendo temblar todas las cosas.

Solo, en la noche, Francisco temblaba también. Pero no era con ese miedo que tienen los hombres cuando sienten su vida amenazada. Temblaba por no conocer los designios de Dios sobre él. Se preguntaba qué era lo que Dios quería de él y temía no oír su voz. Esa tarde, la voz de Dios estaba en la tormenta, pero hacía falta saber oírla. Francisco escuchaba.

¿Y qué decía esa voz poderosa que bramaba en la noche entrecortada de luz? Clamaba la vanidad de todas las cosas de este mundo. Afirmaba que toda carne es como hierba de los campos, que florece por la mañana y en el mismo día se seca por un viento abrasador. Y la voz volvía a empezar a lo lejos el mismo tema, pero en un tono más grave y más sordo, en un rodar prolongado que iba a perderse detrás de las grandes montañas. ¿Y qué decía esta voz? Que la gloria de que Dios se rodea es terrible y que nadie puede verla si primeramente no muere y no pasa a través del agua y del fuego.

El fuego caía del cielo. Pero ahora se mezclaba el agua con el fuego. Primero gruesas gotas esparcidas, después una lluvia a cántaros, espesa, torrencial, que cayendo sobre las rocas rebotaba y chorreaba por todas partes hasta el barranco, que reventaba de agua. Todo esto caía sobre la montaña como un inmenso bautismo. Como una invitación a una gran purificación. Francisco contemplaba y escuchaba, estaba inmóvil, al abrigo de una roca. No tenía otra cosa que hacer que mirar y escuchar. No era momento de ir por el mundo y predicar el Evangelio a las turbas, ni tampoco de reunir a los hermanos para hablarles. No se trataba de hacer nada, sino solamente de estar allí como la montaña misma, sin moverse, sin rechistar, en la noche pesada cortada por relámpagos, enteramente ocupado en recibir el agua y el fuego del cielo y en dejarse purificar. Esta voz era misteriosa y difícil de oír.

La lluvia había parado. Un viento fresco soplaba sobre la montaña. En el cielo, lejanas y pálidas, las estrellas temblaban y parecía a cada instante que el viento iba a apagarlas. La noche seguía oscura, muy oscura. No se distinguían las cosas. Ese árbol o aquella roca, bien conocidos, no eran más que masas informes, que se confundían con la oscuridad. El recortarse habitual de las cosas se había borrado y dejaba que la mirada se perdiera en un espacio oscuro y sin fondo. Es duro aceptar ese borrarse de las cosas y sostener un frente a frente con lo que parece ser la nada. Es duro permanecer despierto en medio de este vacío oscuro en que no solamente todos los seres familiares han perdido su brillo, su voz y hasta su nombre, sino en que hasta la misma presencia divina parece haber huido.

Francisco había deseado la pobreza. Se había desposado con ella, como decía él. En este momento de su existencia, él era pobre, dolorosamente pobre, más allá de todo lo que había podido soñar. No hacía mucho, cuando se retiraba a esta montaña, todo le hablaba de Dios y de su grandeza. Esta naturaleza salvaje le penetraba del sentimiento de la majestad divina. No tenía más que dejarse llevar por ella. Ahora era la hora del reflujo. Estaba allí, oprimido, jadeante, como un pez echado fuera del agua.

Capítulo III

La última estrella

Algún tiempo después llegó a la ermita el hermano Angel. Su llegada era completamente inesperada. El hermano explicó que venía de parte de la hermana Clara a pedir a Francisco que fuera, por favor, a verla. Tenía, decía ella, una necesidad grandísima. Clara se había guardado bien de precisar más. En realidad, si en este momento deseaba tanto volver a ver a Francisco, era porque, desde el fondo de su monasterio de San Damián, veía lo que pasaba en el alma del Padre. Le habían dicho que se había retirado a la montaña para descansar. Pero ella tardó muy poco en comprender que se trataba de una cosa bien distinta. Conocía los sentimientos de Francisco y las preocupaciones tan grandes que le causaban una fracción importante de la comunidad de hermanos. Algo en ella le había advertido que el corazón de Francisco estaba profundamente triste.

Cuando Francisco oyó pronunciar el nombre de Clara, sus ojos se iluminaron de repente. Pero se apagaron casi en seguida, como un relámpago en la noche. Acababa de evocar en ese instante los días más bellos de su vida. El nombre de Clara estaba asociado en su espíritu a un tiempo gozoso, luminoso, cuando ningún equívoco empañaba todavía el brillo del ideal evangélico que el Señor mismo le había revelado. Mejor que nadie, Clara había percibido el esplendor oculto de esta forma de vida y se había dejado irradiar. Lo que había venido a buscar todavía adolescente junto a Francisco, ella que descendía de la noble familia de los Offrenduzzi, era realmente la pura simplicidad del Evangelio. Francisco, entonces, la había consagrado al Señor. Y Clara había permanecido fiel a la santa pobreza.

—¡Bendito sea el Señor por nuestra hermana Clara!—exclamó Francisco al oír al hermano Angel.

Pero tuvo en seguida deseo de añadir: «Malditos sean los que desbaratan y destruyen lo que Tú, Señor, has edificado y no dejas de edificar por los santos hermanos de esta Orden.» Pero se calló. A quienes se refería no estaban allí para escucharle. Y además le hacía demasiado daño el maldecir. Se contentó con decir al hermano Angel:

—Vuelve a nuestra hermana Clara y dile que en este momento no estoy en estado de ir a verla, que, por favor, me disculpe. Que la bendigo tanto y más de lo que puedo.

Pero, algunos días más tarde, Francisco sintió como una pena. Y para mostrar a Clara que no la olvidaba y que era sensible a su gesto, le mandó al hermano León.

Cuando Clara vio venir al hermano León se apresuró a preguntarle:

—¿Cómo está nuestro padre?

—Nuestro padre—respondió León—sigue sufriendo mucho de los ojos y también del estómago y del hígado. Pero la que está enferma, sobre todo, es su alma.

Y se calló un instante. Después continuó:

—Nuestro padre ha perdido la alegría, toda la alegría. Nos dice él mismo que su alma está amarga. ¡Ah!, si los que traicionan su ideal supieran el daño que le hacen... Ponen su vida misma en peligro.

—Sí, nuestro padre está en peligro—dijo Clara—. Pero la mano de Dios no lo ha dejado. Es ella la que le conduce. Seguramente, Dios quiere purificarlo como el oro en el crisol. Y nos lo devolverá más resplandeciente que el sol, no lo dudo. El amanecer de Dios en su alma es más cierto que el de la aurora sobre la tierra. Pero nosotros tenemos que rodearle y sostenerle en esta prueba terrible, para que la amargura no eche raíces en su corazón. No basta que el grano germine y dé fruto. Es preciso velar para que el fruto no sea amargo. La amargura estropea toda madurez. Ese es el gusano roedor. Ahí está el peligro, hermano León. Yo creo que si nuestro padre pudiera venir aquí a pasar unos días le harían mucho bien. Haz todo lo posible para decidirle a salir de su soledad.

De vuelta a la ermita, el hermano León fue inmediatamente a ver a Francisco. Lo encontró sentado junto al oratorio y le hizo saber con mucha insistencia la petición de Clara.

—Nuestra hermana Clara reza por mí, y es lo esencial—le respondió dulcemente Francisco—. No tiene necesidad de ver mi rostro en este momento. No vería en él más que sombras y tristeza.

—Sí, padre—respondió León—. Pero ella podría quizá volver a traer un poquito de claridad.

—Lo contrario es lo que hay que temer—replicó Francisco—. Tengo miedo de echar turbación y oscuridad en su alma. ¡Tú no sabes, León, qué pensamientos me agitan! Algunas veces me obsesiona la idea de que hubiese hecho mejor quedándome en el comercio de mi padre, haberme casado y haber tenido niños, como todo el mundo. Y una voz me repite incansablemente que no es tarde todavía para hacerlo. ¿Crees que puedo ir a nuestra hermana Clara con tales ideas en la cabeza?

—Son ideas en el aire—dijo León—. Que trotan en tu cabeza. Pero no tienen ningún poder sobre ti. No eres capaz de ser conmovido y arrastrado por tales ideas.

—Pues bien: desengáñate—aseguró Francisco—. Soy capaz. Puedo muy bien todavía tener hijos e hijas.

—¿Qué dices, padre?—exclamó León.

—Nada más que la verdad—dijo Francisco—. ¿Por qué extrañarse?

—Porque te tengo por un santo—respondió León.

—Sólo Dios es santo—replicó vivamente Francisco—. Y yo no soy más que un pecador. ¿Lo oyes, hermano León? Un vil pecador. Sólo me queda una cosa en mi noche: es la inmensa piedad de mi Dios. No, yo no puedo dudar de la inmensa piedad de mi Dios. Pide solamente, hermano León, para que en mis tinieblas no se apague a mis ojos esta última estrella.

Francisco se calló. Al cabo de un momento se levantó y se hundió solo en el bosque. León le seguía con los ojos. Francisco sollozaba.

Capítulo IV
El gemido de un pobre

Algunos días más tarde, después de haber estado rezando en el bosque, según su costumbre, Francisco encontró en la ermita un hermano joven que le esperaba. Era un hermano lego, venido expresamente para pedirle un permiso. A este hermano le gustaban mucho los libros, y quería que el padre le permitiera tener algunos. Especialmente deseaba poseer un salterio. Su piedad ganaría, explicaba él, si podía disponer libremente de estos libros. Tenía ya el permiso de su ministro, pero le gustaría tanto obtener el de Francisco...

Francisco escuchaba al hermano exponer su demanda. Veía mucho más lejos de lo que él decía. Las palabras del hermano resonaban en sus oídos como un eco. Le parecía oír las palabras de algunos ministros de su Orden deslumbrados por el prestigio de los libros y de la ciencia. ¿No le había pedido uno de ellos hacía poco permiso para guardar para su uso toda una colección de libros magníficos y vistosos? Bajo pretexto de piedad se estaba, pues, a punto de desviar a los hermanos de la humildad y simplicidad de su vocación. Pero no bastaba eso. Los innovadores querían que él, Francisco, diera su aprobación. La autorización que diese a este hermanito sería evidentemente explotada por los ministros. Verdaderamente, era demasiado. Francisco sintió que le subía una cólera violenta. Pero se tensó y se contuvo. Hubiera querido estar a mil leguas de allí, lejos de la mirada de este hermano que esperaba y espiaba sus reacciones. De repente le asaltó una idea.

—¿Quieres un salterio?—gritó—. Espera, voy a buscarte uno.

Saltó hacia la cocina de la ermita, entró dentro, metió la mano en el hogar apagado y cogió un puñado de ceniza y volvió corriendo al hermano.

—Aquí tienes un salterio—dijo.

Y, al decirlo, le frotó la cabeza con la ceniza.

El hermano no esperaba eso. Sorprendido y confuso, no sabía qué pensar ni qué decir. Manifiestamente, no comprendía nada. Se quedó allí con la cabeza baja, silencioso. Francisco mismo, una vez pasada su primera reacción, se encontró desarmado ante este silencio. Acababa de hablarle un lenguaje rudo, demasiado rudo, seguramente. Hubiera querido ahora explicarle por qué había obrado así, decirle despacito y claro todo lo que pensaba. Decirle que no tenía nada contra la ciencia ni contra la propiedad en general, pero que sabía él, el hijo del rico mercader de tejidos de Asís, lo difícil que es poseer algo y seguir siendo el amigo de todos los hombres y, sobre todo, el amigo de Jesucristo. Que allí donde cada uno se esfuerza en hacerse un haber ya se ha acabado la verdadera comunidad de hermanos y de amigos. Y que no se podrá nunca hacer que el hombre que tiene algunos bienes a la vista no tome espontáneamente una actitud defensiva con respecto a los otros hombres. Es eso lo que había explicado en otro tiempo al Obispo de Asís, que se asombraba de la excesiva pobreza de los hermanos.

—Señor Obispo—le había dicho entonces—, si tenemos posesiones, nos harán falta armas para defenderlas.

El Obispo lo había comprendido. Lo sabía por experiencia. Demasiado a menudo entonces los hombres de Iglesia tenían que hacerse hombres de armas para defender sus bienes y sus derechos.

Pero ¿qué relación tenía todo esto con el salterio en manos de un novicio? Francisco veía bien que, a los ojos de este hermanito, todas estas explicaciones tenían que parecer sin proporción a su demanda. Sin proporción, y, por tanto, ininteligibles. Nunca se había sentido tan impotente como en este momento.

—Cuando tengas el salterio—dijo por fin al hermano, con esperanza de hacerse comprender, a pesar de todo—, ¿qué harás con él? Iras a sentarte en un sillón o en un trono como un gran prelado y dirás a tu hermano: «Tráeme el salterio.»

El hermano sonrió con una sonrisa molesta. No veía el alcance de la advertencia de Francisco. Este acababa de expresarle con humor la tragedia del poseer, tal como él la veía: todas nuestras relaciones humanas falseadas, corrompidas, reducidas a relaciones de dueño y de siervo a causa del haber. A causa de bienes que creemos poseer. Y que no era necesario tener mucho para comportarse como dueño. Eso era grave, demasiado grave, para que se pudiera sonreír.

Pero Francisco no tenía ante él más que a un niño. Un pobre niño que no podía comprender cosas graves, pero a quien, sin embargo, era preciso tratar de salvar.

Se sintió lleno de una inmensa piedad por él. Lo cogió maternalmente por el brazo y lo llevó junto a una roca, en la que se sentaron los dos.

—Escucha, hermanito—le dijo—. Voy a confiarte una cosa. Cuando yo era más joven, también fui tentado por los libros. Me hubiera gustado tenerlos. Pensaba entonces que me darían la Sabiduría. Pero, mira, todos los libros del mundo son incapaces de dar la Sabiduría. Es preciso no confundir la Ciencia con la Sabiduría. El demonio supo en otro tiempo las cosas celestes y conoce ahora más cosas terrestres que todos los hombres del mundo. En la hora de la prueba, en la tentación o en la tristeza, no son los libros los que pueden venir a ayudarnos, sino simplemente la Pasión del Señor Jesucristo.

Francisco se calló un instante. Después, dolorosamente, añadió:

—Ahora yo sé a Jesús pobre y crucificado. Esto me basta.

Este pensamiento lo absorbió de repente todo entero. Permaneció allí abismado, con los ojos cerrados, completamente extraño a lo que podía pasar alrededor de él. Cuando, después de bastante tiempo, volvió en sí, se dio cuenta con espanto de que estaba solo. El hermano le había dejado y se había marchado.

Los días pasaban. A los ojos de Francisco se hacían cada vez más sombríos. Había llegado el otoño. El viento arrancaba a los árboles sus hojas amarillas y rojas y las hacía girar, dar vueltas y bailar bien alto a la luz del sol, como una nube de mariposas. Después, poco a poco, el bosque perdió su brillo. Entre los árboles desnudos sólo los altos pinos hacían todavía aquí y allá manchas oscuras de verde. En seguida los primeros fríos se hicieron sentir, anunciando que el invierno estaba cerca. Y una mañana de diciembre la ermita se despertó cubierta de nieve.

La decoración cambiaba. Pero, para Francisco, el tiempo parecía haberse parado. Algo en él se había quedado frío. Los días y las estaciones seguían su ronda. Pero él ya no estaba en el movimiento de las cosas y los seres. Vivía fuera del tiempo. Como se le había visto irse por los dorados senderos del otoño, se le vio igualmente deslizarse como una sombra sobre la nieve recién caída, siempre persiguiendo una paz que le huía.

Francisco pasaba así horas largas lejos de la mirada de los hermanos. Rezaba, pero no era como en otro tiempo, en las iglesitas del campo de Asís, de San Damián o la Porciúncula. Cristo no se animaba a sus ojos. En vez de eso, un vacío, un vacío enorme. Se preguntaba lo que tenía que hacer. ¿Dejar la ermita y volver en medio de los hermanos? Pero entonces, ¿cómo ocultar su tristeza y su angustia? ¿Y qué iba a decirles? ¿Permanecer en la soledad? Pero ¿no era eso abandonar a los que el Señor le había confiado? El se sentía responsable de cada uno de ellos, como una madre de cada uno de sus hijos. ¿Y cuántos iban a turbarse, a desorientarse, a desviarse, quizá para siempre de su vocación por su silencio y su abandono? Por momentos sentía en él surgir una profunda cólera contra todos los que querían arrancarle a sus hijos. Después llegaba a dudar de sí mismo. Se reprochaba sus faltas, su orgullo, sobre todo.

Y mientras que Francisco se abismaba así ante Dios en la soledad, las horas pasaban. Muchas veces se olvidaba de la comida. Llegaba tarde a los oficios de la pequeña comunidad. Los hermanos habían tomado ya la costumbre de no esperarle. Se había convenido así. La tristeza en que estaba sumergido su padre les hundía. Y, sin embargo, cuando él se encontraba en medio de ellos se esforzaba en no dejar aparecer los sentimientos profundos que le torturaban. Se mostraba afable, atento a cada uno de ellos y de una bondad exquisita. Tenía siempre una palabra para el hermano que volvía de pedir en las chozas de la montaña, pero no podía ocultar sus ojos enrojecidos, en carne viva por las lágrimas. Ni tampoco su delgadez extrema. A los ojos de todos se moría.

Un día de mucho frío, León salió a buscarle en la nieve. Le encontró de rodillas sobre una roca, con la que parecía haberse fundido. Estaba como petrificado. Al lado, un gran pino cubierto de nieve y escarcha, tendía hacia el cielo sus enormes ramas de agujas brillantes. Parecía un gigantesco candelabro de plata maciza. León levantó a Francisco y dulcemente se puso a llevarlo hacia la ermita, sosteniéndolo por el brazo como un pobre niño perdido. En algunos sitios resbalaban pedazos de nieve de las ramas altas y caían como un polvo blanco. Un frío glacial estrechaba duramente todas las cosas. Se oía en el silencio crujir a los árboles bajo la mordedura del hielo. Un pálido sol de invierno echaba sus rayos oblicuos sobre la nieve y la hacía resplandeciente. Esta reverberación cegaba a Francisco. Sus ojos enfermos no podían sostener este brillo. Era como un pájaro nocturno, que caído de su escondrijo se encontraba deslumbrado por la luz del día.

León condujo a Francisco a la cabaña, en donde los hermanos habían encendido un fuego. Francisco se sentó delante del hogar, cruzó sus manos sobre las rodillas y permaneció así mucho tiempo, contemplando el fuego. No decía nada. A veces un escalofrío le sacudía todos los miembros. Cuando la llama no era demasiado viva seguía con los ojos todos los movimientos, miraba cómo corría de un extremo a otro de los tizones, se elevaba, bailaba y después se acostaba y enrollaba alrededor de la rama hasta casi apagarse y después se volvía a lanzar crepitando súbitamente en una nube de chispas. Después, León echaba en el fuego un puñado de ramitas secas para reanimarlo. La llama se elevaba clara, completamente blanca. Francisco cerraba los ojos para evitar el deslumbramiento o ponía las manos de pantalla.

León le hablaba dulcemente. Eran palabras completamente simples y triviales, como se dicen a un niño enfermo. Francisco escuchaba y sonreía. Se sentía muy agotado, incapaz de ningún esfuerzo. Permanecía inmóvil, con la mirada perdida en el fuego de la chimenea. La llama bajaba lentamente. Se dividía en una multitud de llamitas azules, verdes, rojas y naranja, que brillaban alrededor del leño, lo envolvían y lo lamían por todas partes, con un débil crepitar quejoso. Afuera, el viento silbaba y soplaba en ráfagas. Se oía al bosque temblar y gemir bajo su soplo. Francisco, ante este pobre fuego, meditaba. Antes, cuando los hermanos iban por ramas al bosque les recomendaba que no cogieran las cepas, para dejarles la esperanza de reverdecer. Ahora se preguntaba ansiosamente si la cepa había sido bastante perdonada y si un día iba a poder volver a brotar.

Capítulo V

Cada vez más tinieblas

En el invierno la vida es dura en las ermitas de la montaña. La soledad se hace más grande todavía y más temible también. El hombre se queda solo donde todo rastro de vida se ha borrado. Solo con sus pensamientos y sus deseos. Desgraciado entonces del que ha venido a la soledad sin haber sido empujado por el Espíritu. Durante días enteros, grises y fríos, el solitario tiene que quedarse encerrado en su celda. Afuera la nieve cubre todos los senderos o lo empapa todo una lluvia glacial. El hombre está solo ante Dios, sin escapada posible, sin libros para distraerle, nadie que le mire o le anime. Se encuentra siempre vuelto a sí mismo. A su Dios o a sus demonios. Reza. Y, a veces, también escucha lo que pasa fuera. No es un canto de pájaros lo que oye, sino el silbido del viento que sopla sobre la nieve. Tiembla de frío. No ha comido quizá desde por la mañana, y se pregunta si los hermanos que han salido para mendigar le traerán algo.

Cuando el hombre tiene frío se encoge sobre sí mismo, como un animal, y, a veces, en lugar de meditar, murmura y blasfema. El invierno es siempre duro para los pobres. Su techo es demasiado ligero o está demasiado roto y deja pasar el viento frío. El cierzo agrio se cuela dentro, hasta el corazón, que se pone a temblar con desamparo.

Por mucho que se haya querido la pobreza y ser duro y resistente como la roca, puede ser que la mordedura del frío sea más fuerte y que haga agrietarse la piedra misma. Entonces insidiosamente habla la tentación. Y su lenguaje es el del buen sentido: «Bueno, ¿y a qué tanto sufrir? ¿No es una pura locura obstinarse inútilmente en padecer hambre y frío? ¿Es verdaderamente necesario retirarse a un agujero siniestro para servir al Señor?»

Pero en almas más delicadas la tentación puede tomar otro aspecto más noble y más puro que el del vulgar buen sentido: el de la santidad misma.

De todos los habitantes de la ermita, el hemano Rufino era el que observaba más a Francisco. Desde hacía meses le veía arrastrarse lamentablemente, sin reacción, sin empuje, sin alegría. Había sentido al principio una gran piedad. Después, todo esto había terminado por intrigarle e inquietarle. Ese estado prolongado de tristeza y de postración en Francisco le molestaba, le parecía desplazado. Poco a poco, una duda se fue levantando en su alma: ¿Francisco era verdaderamente el hombre de Dios que él creía? ¿No se había equivocado al seguirlo? ¿No había creído prematuramente en su santidad? ¿En ese caso, no era él, el hermano Rufino, a quien le tocaba recoger el guante y demostrar a todos de qué es capaz un verdadero santo?

Entonces, un ángel de Satán se revistió de luz y vino a soplar al oído de Rufino:

«¿Qué tienes tú que hacer, hermano Rufino, con el hijo de Pedro Bernardone? Es un hombre estúpido, que ha querido jugar a innovador. Ha seducido a muchos y se ha engañado a sí mismo, y mira lo que ha sucedido: no es más que un pobre guiñapo sin resortes, sin voluntad. Y lo que le hace sufrir y gemir no es otra cosa que un gran orgullo herido y desengañado. Créeme. Yo soy el Hijo de Dios. Yo sé a quien he elegido y predestinado. El hijo de Bernardone está condenado y todo el que le siga está engañado. Vuelve en ti mismo, que todavía es tiempo. Deja que ese innovador corra a su pérdida. No le escuches más. No le hables siquiera de lo que te acabo de decir. Y, sobre todo, guárdate bien de interrogarle. Podría seducirte. Camina, pues, valerosamente y simplemente hacia delante. Sigue tu inclinación hacia la perfección, esa inclinación que he puesto en ti como promesa de eternidad. Los antiguos ermitaños, cuyos ejemplos meditas, te muestran el camino. Es un camino seguro, un camino aprobado y bendecido. Imita, pues, a los antiguos y no te ocupes de los que, bajo pretexto de Evangelio, quieren renovarlo todo.» Y el ángel de Satán hizo brillar magníficamente su manto de luz a los ojos de Rufino. Este se quedó deslumbrado y maravillado. Sin ninguna duda, Dios mismo acababa de hablarle, oh, esta voz misteriosa.

A partir de este día, Rufino cesó de aparecer en comunidad. Como los ermitaños antiguos, quería vivir en el aislamiento más completo, sin ver a nadie. Sobre todo, quería evitar el encontrarse con Francisco. Había perdido toda confianza en él. Y cuando, por casualidad, le veía venir de lejos, se escapaba en seguida en otra dirección. Al principio, ni Francisco ni los otros hermanos se preocuparon de la actitud de Rufino. Tenían todos una idea muy alta de su hermano. Sabían que era un hombre de profunda oración y Francisco les había enseñado a respetar la voluntad particular del Señor sobre cada uno de ellos. El mismo se habría cuidado mucho de turbar la acción de Dios en un alma.

Pero un día, a la vuelta de un sendero en el bosque, Francisco se encontró frente a frente con Rufino. Este no se esperaba en absoluto el encuentro. Inmediatamente dio media vuelta y, como un animal asustado, emprendió la fuga, metiéndose entre los árboles. Francisco, asombrado, le llamó varias veces, pero en vano. Esta huida de Rufino le abrió los ojos. No podía ser el Espíritu del Señor el que le hacía huir de esta forma, sino el Maligno, que busca siempre separar al hombre de sus hermanos para hacerle caer más fácilmente. Así pensaba Francisco.

Por esto, algunos días más tarde, después de haber rezado largamente, Francisco envió a León a buscar a Rufino.

—¿Qué tengo yo que ver con el hermano Francisco? —contestó Rufino a León—. Ya no quiero seguirle.

Estoy cansado de sus fantasías. Ahora quiero llevar una vida solitaria, en la cual podré salvarme con mayor seguridad que siguiendo las boberías del hermano Francisco.

—¡Pero qué dices, hermano Rufino!—exclamó León que no creía a sus oídos.

—¡Lo que digo te escandaliza!—dijo Rufino—. Pues bien. Que sepas que Francisco no es el hombre de Dios que tú crees. Tengo ahora la prueba y la certidumbre. Desde hace meses se arrastra lamentablemente, sin resorte, sin voluntad, sin alegría. ¿Es ésa verdaderamente la actitud de un santo? Ciertamente, no. Se ha engañado y nos ha engañado. Por ejemplo, ¿te acuerdas del día en que me obligó en nombre de la obediencia a ir a predicar sin túnica, medio desnudo en la iglesia de Asís? ¿Crees tú que está inspirado por Dios? No era más que una fantasía por su parte. Una grosera fantasía entre mil otras. Pues bien, ese tiempo para mí se ha acabado. No me volverá a enviar más ni a predicar ni a cuidar los leprosos. El Señor me ha mostrado qué guía debo seguir.

—Pero ¿quién ha podido meterte todas esas ideas en la cabeza?—preguntó León, aterrado—. Si Dios te hiciera probar, aunque no fuese más que un instante, todo lo que sufre nuestro padre en su alma y en su cuerpo, inmediatamente pedirías gracia. Para sostenerse como él se sostiene en medio de tan grandes sufrimientos, es preciso verdaderamente que Dios le sostenga. Es preciso que tenga en él la fuerza misma de Dios. Piensa un poco en esto.

—Ya está todo pensado—replicó Rufino—. Dios mismo me ha hablado. Y desde entonces sé a qué atenerme con respecto al hijo de Pedro Bernardone.

—¡No, no, no es posible!—protestó León completamente fuera de sí—. No puedes abandonar a nuestro padre. Sería correr a tu pérdida. Y para él, ¡qué golpe mortal! Por favor, Rufino, por el amor de Nuestro Señor Jesucristo, deja esos pensamientos y vuelve con nosotros. Tenemos todos necesidad de ti. El demonio lo sabe. Por eso se empeña en seducirte.

—Vete, hermano León—interrumpió bruscamente Rufino—. No me importunes más. Mi camino está trazado completamente por el Señor mismo. ¡Que me dejen tranquilo! Es lo único que pido.

León volvió junto a Francisco y le contó su entrevista con Rufino. Francisco vio entonces el grave peligro que corría éste, y se preguntó cómo iba a poder salvarlo. Dejó pasar algunos días. Después, de nuevo, envió a León a buscar a Rufino. Pero León tropezó con la misma obstinación y la misma negativa. Tuvo que volverse sin más éxito.

—¡Ay! Ha sido por mi culpa—dijo entonces Francisco a León—. No he estado suficientemente atento. No he sabido atraerlo hacia mí. No he sabido sufrir como había que hacerlo, atrayendo los otros a mí, como el mismo Señor Jesús ha sufrido.

—Jesús también fue abandonado por los suyos en el momento de su agonía y de su Pasión—le hizo notar León.

—Sí, es verdad—dijo Francisco después de un instante de silencio—. «Heriré al pastor, está escrito, y se dispersarán las ovejas.» Dios lo permitió con su Hijo. El discípulo no puede pretender estar por encima del Maestro.

Se calló y permaneció unos segundos absorto en sus pensamientos. León le miraba sin saber qué decir.

—¡Ah!, hermano León—le dijo entonces Francisco—, verdaderamente es la hora de las tinieblas. Es terrible. No pensaba que fuera tan terrible. Déjame solo ahora, hermano León. Tengo necesidad de gritarle a Dios.

León se marchó.

«Señor Dios—dijo entonces Francisco—. Tú has soplado mi lámpara. Y ahora estoy hundido en las tinieblas y conmigo todos los que me habías dado. He llegado a ser para ellos un objeto de horror. Los mismos que me estaban más unidos me huyen. Has alejado de mí a mis amigos, mis compañeros de la primera hora. ¡Ah, Señor, escúchame! ¿No ha durado bastante la noche? Enciende en mi corazón un fuego nuevo. Vuelve hacia mí tu rostro y que la luz de tu aurora resplandezca de nuevo sobre mi cara, para que los que me siguen no caminen en tinieblas. Por ellos, ten piedad de mí.»

Allí cerca, resbaló un montón de nieve de lo alto de un árbol. Se oyó crujir las ramas, y después un ruido sordo en el suelo. Y todo volvió a entrar en el gran silencio.

Capítulo VI
¿Empieza a clarear el alba?

En la primavera, cuando los caminos empezaron a ser practicables, Francisco se puso en camino para ir a ver a la hermana Clara. Había terminado por ceder a las instancias del hermano León. El invierno que acababa de pasar en la ermita había sido el más pobre de sol de toda su vida. Y, sin embargo, al partir de la pequeña montaña, no le decía adiós. Se prometía volver allí lo más pronto posible. Con León, su compañero habitual de camino, bajó las cuestas arboladas que ya se cubrían de nuevos brotes verdes. Y más allá, por las colinas brillantes de agua y de sol, llegó al camino que lleva a San Damián.

La alegría de Clara fue grandísima cuando le anunciaron que Francisco estaba allí. Pero cuando vio su cara enflaquecida y terrosa, en que se leía un sufrimiento inmenso, se apoderaron de ella la piedad y la tristeza.

—Padre—dijo dulcemente—, ¡cómo has debido sufrir! ¿Y por qué has tardado tanto en venir?

—La tristeza—respondió Francisco—me angustiaba

y me paralizaba. He sufrido horriblemente. Y todavía no se ha acabado.

—¿Por qué, padre, entristecerte hasta ese punto? —le dijo Clara—. Ves bien que eso te hace mal. Tenemos tanta necesidad nosotras de tu paz y de tu alegría.

—No me entristecería tanto si el Señor no me hubiera confiado esta gran familia—respondió Francisco—. Y si no me sintiera responsable de guardar a mis hermanos en la fidelidad a su vocación.

—Sí, te comprendo—dijo Clara, que quería evitarle entrar en explicaciones demasiado penosas.

Pero Francisco deseaba hablar. Tenía el corazón tan cargado. Era para él un descanso el poder hablar.

—Hoy—volvió a decir—se pone en duda nuestra vocación. Muchos hermanos miran con envidia hacia formas de vida religiosa más organizadas, más poderosas y mejor instaladas. Querrían que nosotros las adoptáramos. Yo temo que sean empujados, en eso, por el miedo de aparecer más pequeños que los otros. Están ávidos de hacerse un sitio al sol. Yo no tengo nada contra las formas de vida religiosa que aprueba la Santa Iglesia. Pero el Señor no me ha llamado para formar una Orden poderosa, una Universidad o una máquina de guerra contra los herejes. Una Orden poderosa tiene un fin preciso. Tiene algo que hacer o defender, y se organiza en consecuencia. Es preciso ser fuerte para ser eficaz. Pero el Señor no nos ha pedido, a nosotros, Hermanos Menores, ni hacer, ni reformar, ni defender nada en la Santa Iglesia. El mismo me ha revelado que debíamos vivir según la forma del Santo Evangelio. Vivir, sí, simplemente vivir. Eso sólo, pero plenamente. Siguiendo la humildad y la pobreza del Altísimo Señor Jesucristo, dejando de lado toda voluntad de dominación, todo cuidado de instalación o de prestigio, y hasta todo deseo particular. Durante mi retiro en la montaña, este invierno, he pensado mucho en esto. Ha llegado a ser para mí evidente que esta vida, según la forma del Evangelio, es de tal modo, que no se la pueden aplicar los principios de organización de las otras Ordenes sin destruirla al mismo tiempo. No se la puede modelar y reglamentar desde el exterior. Esta vida evangélica, si se vive de una manera auténtica, debe brotar libremente y encontrar su ley en ella misma. Algunos hermanos me piden una regla más precisa, más determinada. Pero yo no puedo decirles otra cosa que lo que les he dicho ya, y que el Señor Papa ha aprobado plenamente; es decir, que la regla y la vida de los Hermanos Menores consiste en observar el Santo Evangelio de Nuestro Señor Jesucristo. A eso, aún hoy, no tengo nada que añadir o quitar. Que los hermanos vivan, pues, en la condición humilde y pobre que fue la del Señor. Que anuncien como El el reino de Dios a toda criatura, y si se les arroja o se les persigue de un lugar, que vayan a otro. Y en todas partes donde sean recibidos, que coman todo lo que les ofrezcan. Los hermanos que vivan así no constituirán, sin duda, una Orden poderosa, sino que formarán en todas las partes donde estén, libres comunidades de amigos. Serán verdaderos hijos del Evangelio. Serán hombres libres, porque nada limitará su horizonte. Y el Espíritu del Señor soplará en ellos como quiera.

Clara escuchaba profundamente conmovida. Casi no podía ocultar su emoción. Lo que estaba oyendo encontraba en ella un eco profundísimo. Y lo que veía le conmovía hasta lo último. Francisco, al hablar, se había animado. El hombre endeble, poca cosa, que no tenía apariencia de nada, resplandecía en ese momento con una belleza sobrehumana. Lo que decía adquiría un acento de fuerza y de grandeza. Una gran pasión lo levantaba y lo iluminaba. Era un profeta que hablaba.

De buena gana Clara se hubiera contentado con admirar y aprobar, pero no podía olvidar que en ese momento tenía un papel importante que cumplir. La extraordinaria grandeza que aparecía en Francisco hacía sobresalir más todavía a sus ojos el sufrimiento que le obsesionaba. Clara lo dejaba hablar, porque veía que eso le descansaba. Pero mientras le escuchaba, no dejaba de preguntarse cómo podría ella tomarlo de la mano y volver a llevarlo al camino de la paz.

Francisco, en cambio, completamente perdido en su tema, ya no sentía ni las quemaduras de sus ojos ni el estómago. Tenía la impresión de volver a vivir. Todos sus sufrimientos estaban absorbidos por la pasión que le invadía. De buena gana hubiera empezado entonces a recorrer toda la tierra para ver realizarse la voluntad del Señor en esto. Calculaba, sin pensar en sus fuerzas físicas, pero ellas ya no sostenían la llama que le consumía. Aún mientras hablaba, se sintió de repente invadido por un cansancio grandísimo. Y con el cansancio reapareció en seguida en su alma el abatimiento. Entonces las mariposas negras empezaron otra vez a danzar ante sus ojos.

—¡Ay!—prosiguió después de un poquito de silencio—. Soy un padre abandonado por sus propios hijos. Ya no me reconocen. Se avergüenzan de mí. Mi simplicidad les da vergüenza. ¡Que el Señor tenga piedad de mí, hermana Clara!

—No, todos tus hijos no te han rechazado—contestó Clara dulcemente—. Y Dios te sigue llevando de la mano.

—¡Dios!—suspiró dolorosamente Francisco. Cuando me presento ante El en la soledad, ahora, tengo miedo y tiemblo. Si supiera sólo lo que tengo que hacer.

—Quizá no haya nada que hacer.

Hubo un momento de silencio. Después Clara volvió a decir:

—Tú sabes que el Señor dice en el Evangelio: «El reino de los cielos es como un hombre que ha sembrado buena simiente en su campo», y sale el trigo, pero también la cizaña. Y los criados van a preguntar al amo si no tienen que dedicarse a arrancar a toda prisa la cizaña. «No hagáis nada—les respondió—, hay peligro de arrancarlo todo: el trigo con la cizaña. Dejadlos, pues, crecer juntos hasta la siega.»

—«Dios no participa de nuestros miedos ni de nuestro orgullo, ni de nuestra impaciencia. Sabe esperar, como Dios sólo sabe esperar. Como sólo un Padre infinitamente bueno sabe esperar. Es longánimo, misericordioso. Espera siempre. Hasta el fin. No le importa mucho que en su campo se amontonen las basuras, aunque esto no sea agradable a la vista, a fin de cuentas, recoge mucho más trigo que cizaña. Nosotros tenemos pena pensando que la cizaña pueda quizá cambiar un día en trigo y dar hermosos granos rojos y dorados. Los labradores nos dirán que jamás han visto semejante cambio en sus campos. Pero Dios, que no mira las apariencias, sabe que con el tiempo de su misericordia puede cambiar el corazón de los hombres.

—»Hay un tiempo para todos los seres. Pero ese tiempo no es el mismo para todos. El tiempo de las cosas no es el de los animales. Y el de los animales no es el de los hombres. Y, sobre todo y diferente a todo, está el tiempo de Dios que encierra todos los otros y los sobrepasa. El corazón de Dios no late al mismo ritmo que el nuestro. Tiene su movimiento propio. El de su eterna misericordia, que se extiende de edad en edad y no envejece nunca. Nos es muy difícil entrar en este tiempo divino. Y, sin embargo, solamente en él podemos encontrar la paz.»

—Tienes razón, hermana Clara. Mi turbación y mi impaciencia brotan de un fondo demasiado humano. Lo veo bien, pero no he descubierto a Dios todavía. Yo no vivo todavía en el tiempo de Dios.

—¿Quién se atrevería a pretender que vive en el

tiempo de Dios?—preguntó Clara—. Sería preciso
para eso tener el corazón mismo de Dios.

—Aprender a vivir en el tiempo de Dios—volvió a
decir Francisco—; ahí está seguramente el secreto de
la Sabiduría.

—Y la fuente de una paz grandísima—añadió Clara.

Hubo de nuevo un momento de silencio. Después
Clara volvió a decir:

—Supongamos que una de las hermanas de esta comunidad viene a acusarse de haber roto una cosa
cualquiera por una torpeza o por un descuido; le
haré, sin duda, una observación y le pondré una peni-
tencia, como se acostumbra. Pero si viniera a decirme
que ha prendido fuego al monasterio y que está quemado ya todo o casi todo, creo que en ese momento
no tendría nada que decirle. Me encontraría ante un
acontecimiento que me sobrepasa. La destrucción del
monasterio es verdaderamente algo demasiado grande
para que yo me turbe profundamente. Lo que Dios
ha construido El mismo, no se sostendría por la voluntad o el capricho de una criatura. Tiene otra clase
de solidez.

—¡Ay!, si tuviera fe solamente como un grano de
mostaza—suspiró Francisco.

—Dirías a la montaña: «Quítate de ahí», y la montaña se desvanecería—añadió Clara.

—Sí, eso está bien—aprobó Francisco—. Pero ahora
me he vuelto como un ciego. Es preciso que alguien
me coja de la mano y me guíe.

—No se está ciego cuando se ve a Dios—replicó Clara.

—¡Ay!—dijo Francisco—. En mi noche ando a tientas y no veo nada.

—Pero Dios te conduce, a pesar de todo—aseguró Clara.

—Lo creo, a pesar de todo—aseguró Francisco.

Se oía cantar a los pájaros en el jardín. A lo lejos, en la llanura, se oyó el rebuzno de un burro. Y una campana se puso a tocar claramente.

—El porvenir de esta gran familia religiosa que Dios me ha confiado—volvió a decir Francisco—es algo demasiado grande para que dependa de mí solo y me preocupe hasta el punto de estar turbado. Es también, sobre todo, asunto de Dios. Lo has dicho muy bien, pero ruega para que esta palabra germine en mí como una semilla de paz.

Francisco se quedó algunos días en San Damián. Gracias a los cuidados de Clara, recobró un poco las fuerzas. En la paz de este convento y la dulce luz de la primavera de Umbría, Francisco parecía haber dado descanso a sus cuidados y a sus inquietudes. Escuchaba con gusto el canto de las alondras. Las buscaba con la mirada en el azul inmenso y profundo en que ellas se perdían. Por la noche, retirado en una choza al fondo del jardín, pasaba sus horas de insomnio mirando por la ventanita el firmamento, toda brillante de estrellas. Nunca las estrellas le habían parecido tan bellas. Le parecía descubrirlas por primera vez. Brillaban claras y preciosas en el gran silencio nocturno.

Nada las turbaba. Sin duda, ellas pertenecían al tiempo de Dios. No tenían ni voluntad ni movimiento propio. Obedecían simplemente al ritmo de Dios, y por eso nada podía turbarlas. Estaban en la paz de Dios.

Sin embargo, Francisco soñaba en volver a subir a la ermita. Pensaba en sus hermanos que había dejado allá arriba. En el hermano Rufino, sobre todo, que se hallaba en grave peligro. Estaba ya muy cerca la fiesta de Pascua. Tenía prisa de volver para encontrarse con sus hermanos y celebrar con ellos a Cristo resucitado.

En el momento de marchar, Clara dijo a Francisco:

—¿Querrías hacernos un regalo? Se trata de una cosa pequeñita. Las hermanas han recogido semillas de flores en el otoño último. Son flores muy bonitas, salen muy fácilmente. Aquí tienes un saquito. Tómalo y siémbralo allí arriba en la montaña.

Clara sabía que Francisco amaba mucho a las flores. Pensaba que esto le ayudaría a echar de su corazón las plantas amargas.

—Gracias—dijo Francisco, cogiendo el saquito de semillas—. Me gusta muchísimo. Las sembraré.

Y, con León, se despidió de Clara y de sus hermanas.

El camino de vuelta pareció menos largo a Francisco. Iba con un paso alerta. De una manera casi imperceptible, algo en su ser se había puesto en movimiento. Seguía sufriendo, sin duda. Pero ya no de la misma manera. Su sufrimiento se había hecho menos áspero. Muchas veces en el camino se acordaba de la palabra de Clara: «La destrucción del monasterio es una cosa demasiado grande para que me turbe profundamente.» Y esto vertía en su alma un poco de serenidad.

Después de haber andado mucho, Francisco y León dejaron el camino y volvieron a tomar el sendero que trepaba bajo las hayas y encinas y conducía a la ermita. Por todas partes la primavera había estallado. Los árboles grandes desplegaban su follaje completamente nuevo. Y sobre el verde, tierno y dorado de las hojas, los rayos de sol jugaban en medio del canto de los pájaros. De la tierra húmeda y tibia del bosque subía un buen olor a musgo, hierbas muertas y a violetas en flor. Por todas partes asomaban alegremente pequeñitos ciclámenes rojos. Todo esto también, sin duda, vivía y reposaba en el tiempo de Dios, en el tiempo del principio. La tierra con su vida secreta no se había separado de este tiempo, lo mismo que las estrellas del cielo. Los grandes árboles en el bosque dilataban sus ramas al soplo de Dios, igual que en los primeros días de la creación. Con el mismo temblor. Solo, el hombre había salido de ese tiempo del principio. Había querido trazar su camino y vivir en su propio tiempo. Y desde entonces no conocía descanso, sino solamente el cansancio, la turbación y la precipitación hacia la muerte.

En un sitio, el sendero que seguían Francisco y León cruzaba un camino que los campesinos de la montaña y de las cabañas de alrededor usaban para bajar o subir con sus carretas. Uno de ellos bajaba justamente en ese momento. Iba al lado de dos grandes bueyes blancos atados a su carro. Era Paolo, un campesino bajo, gordo, con la cara roja y mirada de niño bueno. Vivía en una cabaña que los hermanos de la ermita visitaban muy a menudo cuando salían a pedir. Era un buen hombre y quería mucho a los hermanos. Pero, a veces, bebía un poco más de la cuenta. En su casa su mujer llevaba buen cuidado. Tenía ojo. Por eso, cuando tenía ocasión de bajar al pueblo, iba de buena gana, casi como de fiesta.

—Buenos días—gritó al ver a los dos hermanos.

—Muy buenos días, Paolo—respondió León, que lo reconoció en seguida.

—Es siempre una honra para mí encontrar a los *frati*—dijo el campesino, parándose con sus bueyes.

—¿Qué, se baja al pueblo, Paolo?—preguntó León.

—Qué se va a hacer—respondió el campesino, alzando los hombros—. Los bueyes, que tienen necesidad de herrarse. Y la carreta, que hay que arreglarla. Y, además, yo—añadió con un guiño de sobreentendido—, que tengo necesidad de un golpecito de vino.

Esta declaración, tan simple, y lo bonachón del hombre divirtieron a Francisco, que se puso a reír.

—Vaya, Paolo—dijo—, está bien; al menos eres sincero. Un traguito de vino no te hará mal. Pero cuidado, ¿eh? No los vayas a multiplicar demasiado.

El campesino reía de buena gana. De repente, mirando fijamente a Francisco, se puso serio.

—Pero ¿no eres tú el hermano Francisco? Los hermanos de la ermita que vienen a pedir a casa nos han dicho que el hermano Francisco vivía con ellos allá arriba, en la montaña.

—Soy yo—respondió simplemente Francisco.

—Pues bien—dijo el campesino, en un tono casi confidencial, golpeándole amistosamente en el hombro—. Trata de ser tan bueno como se dice. Mucha gente ha puesto su confianza en ti; es preciso no decepcionarles.

—Dios solo es bueno, Paolo—dijo Francisco—. Yo no soy más que un pecador. Escúchame bien, amigo: si el último tipo hubiera recibido tantas gracias como yo he recibido, me pasaría cien codos en santidad.

—¿Y yo?—contestó el paisano bromeando—, también puedo llegar a ser santo?

—Pues claro, Paolo—dijo Francisco—. A ti también te quiere Dios. Tanto como a mí. Basta con creer en ese amor para que se te cambie el corazón.

—¡Ay!..., nosotros estamos bien lejos de todas estas cosas—contestó el labriego—. Tendrás que venir a vernos. Buena falta nos hace. Hala, hasta pronto.

Y con una mano dio un golpe sobre la grupa de los bueyes para hacerles andar, mientras que con la otra decía adiós a los hermanos.

Francisco y León llegaron pronto al pico de la primera colina, desde donde podían ver levantarse la montañita. Había recobrado ahora su aspecto verdoso. Se alzaba en una luz muy pura bajo un cielo de azul intenso. Alrededor, los vallecitos cubiertos de olivos, parecían caminos de sombra que iban apretándose entre las cuestas secas de las montañas. Por todas partes cuadrados de narcisos amarillos brillaban al sol como manchas de oro. Allá lejos, cerrando el horizonte, la cadena de montañas recortaba en el azul sus masas secas y redondas llenas de sol.

—¡Qué bonito!—gritó de repente Francisco—. Y dentro de unos días sobre todo esto resplandecerá la gloria del Señor resucitado. ¿No oyes, hermano León, el murmullo inmenso de toda la creación, que en su profundidad está ensayando el aleluya de Pascua?

Capítulo VII
Una alondra canta
sobre los arados

Había empezado la Semana Santa. Toda la cristiandad se disponía a celebrar solemnemente el misterio de la Muerte y la Resurrección del Señor. No se trabajaba. Se acallaban las rencillas y el pueblo gustaba libremente los oficios litúrgicos. Eso hacía parte de la vida, como el trabajo y las rencillas, pero más profundamente todavía. Los hombres tenían necesidad de lavarse en la sangre de Cristo. Era una necesidad casi física de renovación, de renacimiento y de resurrección. Hasta en las aldeas más apartadas, en todas partes donde hubiera un sacerdote, la tierra cristiana bebía ávidamente la sangre del Señor y se dejaba penetrar por una pureza nueva y un vigor nuevo. Entonces la cristiadad reverdecía, como en una primavera nueva.

En la ermita se preparaban también a celebrar la Pascua. También allí los hombres sentían la necesidad de rehacerse de nuevo. El Jueves Santo, Francisco invitó a sus hermanos a venir a celebrar juntos la cena del Señor; comulgarían todos en el mismo sacrificio, y después participarían en una comida fraternal.

Al hacer esta invitación, Francisco pensaba, sobre todo, en el hermano Rufino. Durante toda la Cuaresma éste se había mantenido separado de la comunidad. El hermano León fue a verlo para hacerle saber la invitación del hermano Francisco.

—Dile al hermano Francisco que no iré—respondió Rufino—. Además, no quiero seguirle. Quiero permanecer aquí solitario. Me salvaré más seguramente así que siguiendo los caprichos del hermano Francisco El Señor mismo me lo ha asegurado.

Cuando Francisco supo esto, se puso muy triste. Envió en seguida al hermano Silvestre junto a Rufino para convencerle de que viniera. Pero él se obstinó en decir que no.

Fue preciso, pues, comenzar la celebración de la Santa Misa sin él. Esta ausencia, sin embargo, torturaba a Francisco. Antes de la elevación de la Eucaristía envió un tercer hermano a Rufino.

—Vete a decirle que venga, al menos a ver el Cuerpo de Cristo.

Pero Rufino no se movió más que la roca en que estaba clavado.

Después de la comunión, no pudiendo contener su tristeza, Francisco se retiró para llorar.

—¿Hasta cuándo, Señor—gemía—, dejarás de andar perdida a mi ovejita tan simple?

Después, de repente, se levantó y fue personalmente a encontrar a Rufino a su retiro.

Cuando éste percibió la silueta de Francisco se quedó impresionado, pero no hizo ningún movimiento.

—¿Por qué, hermano Rufino, me has causado esta pena tan grande? Tres veces te he hecho llamar y todas las veces te has negado a venir. ¡En un día así! ¿Por qué?, dime, ¿por qué?—suplicaba Francisco.

No había en sus palabras el mínimo asomo de reproche. Era la angustia de una madre la que hablaba. Todo su ser en este instante se tendía hacia Rufino. Reteniendo el aliento, espiaba ansiosamente el menor gesto en el rostro de su hermano. ¿Qué no hubiera hecho para ayudarle a que se abriera?

—Ya te he hecho saber por qué—respondió Rufino con un tono medio brusco, medio apurado—. Me parece más seguro vivir la vida de los antiguos ermitaños que tus fantasías. Si te escuchara estaría distraído continuamente de la vida de oración. Es lo que ha sucedido en el pasado, cuando me enviabas a predicar de un sitio a otro, o a cuidar de los leprosos. No, no es eso lo que el Señor quiere de mí. Mi gracia propia es la oración en la soledad. Lejos de los hombres, lejos de todo.

—Pero en este día en que el Señor mismo ha deseado con gran deseo comer la Pascua con sus hermanos, vamos, no puedes rehusarnos esta alegría de venir a comer con nosotros—le dijo Francisco.

—Te aseguro que no veo la utilidad. Prefiero permanecer solo, como el Señor me lo ha enseñado—respondió Rufino.

—El Señor está donde están tus hermanos—replicó dulcemente Francisco—. Vamos, hermano Rufino, por la caridad que es Dios mismo, te lo suplico; hazme este favor. Todos tus hermanos te están esperando. No pueden empezar sin ti.

—¡Bueno!, sea—dijo Rufino, levantándose bruscamente—. Iré, ya que estás tan empeñado.

Y añadió, refunfuñando:

—Pero no renuncio a mi proyecto. Volveré aquí lo más pronto que pueda.

Durante la comida, Francisco se mostró muy a gusto. Había colocado a Rufino cerca de él y le hablaba con naturalidad, como si nada hubiera pasado. Como si Rufino hubiera estado allí realmente no sólo de cuerpo, sino de corazón. En ningún momento le vino la idea de darle una lección. Desde luego, nunca había sabido dar lecciones a nadie. Tenía demasiada conciencia de su miseria. Y, sobre todo, era demasiado simple. Sus palabras, sus actitudes, no le venían dictadas del exterior. Vivía profundamente, intensamente. Y esta plenitud de vida y de bondad se desbordaba hacia afuera, sin ninguna premeditación, siguiendo su ritmo propio.

Rufino se emocionó un poco por esta acogida. En realidad, estaba mucho más emocionado de lo que dejaba ver. Pero tenía su idea. No quería soltarla. Además, ¿es que no era de Dios? Por tanto, había que seguirla hasta el fin. Se despidió de sus hermanos de una manera bastante brusca, con el rostro sombrío y cerrado. Francisco le miraba alejarse sin decir nada. No le quitaba los ojos, esperando hasta último instante que tuviese una mirada hacia atrás. Si Rufino se hubiera vuelto en ese momento, hubiese visto dos brazos tenderse hacia él. Dos brazos inmensos que no podían apartarse de él, que le acompañaban y le sostenían hasta en su andar perdido. Pero Rufino desapareció, y Francisco se quedó todavía mucho tiempo mirando. Después, los brazos le cayeron, pesados de tristeza. Se había alegrado un instante de haber podido traer a Rufino a sus hermanos. Pero medía ahora lo precaria que era esta conquista. Su hijo le volvía la espalda. Se le escapaba. ¿Por cuánto tiempo todavía?

Francisco fue a sentarse al pie de una roca. El cucú cantaba en el bosque. El aire era tibio y dorado. Pero Francisco no veía el sol. No oía el cucú. Tenía frío. Pensaba en el hermano Rufino y en los otros. En todos los otros. Si uno de los primeros compañeros, como Rufino, podía dejarle tan fácilmente, ¿qué fidelidad se podía esperar de toda esa turba de hermanos que apenas le conocían? La herida de su alma, que Clara había curado, se había abierto otra vez de repente, y sangraba. Quince años de esfuerzos, de vigilancia y de exhortaciones, ¡para llegar a eso! Había trabajado en vano. Era un fracaso, un duro fracaso. No lo sentía como un atentado a su honor personal, sino como una ofensa a Dios. Al honor de Dios.

Al día siguiente, Viernes Santo, Francisco quiso pasarlo en la soledad, meditando la Pasión de Jesús. Había escogido para eso un lugar salvaje, cuya austeridad estaba de acuerdo con el gran tema que llenaba su alma. Deseando entrar en los sentimientos del Señor, se puso a decir lentamente el salmo que Jesús había recitado en la cruz. Se paraba en cada verso. Todo el tiempo que era necesario para que la Palabra cayese en el fondo de sí mismo. Ante la Palabra, estaba, como siempre, sin defensa. La dejaba llegar a él y pesar sobre él con todo su peso. Pero, al fin, era siempre ella la que todas las veces la había levantado y llevado.

Y mientras que decía las palabras: «Dios mío, Dios mío, ¿por qué me has abandonado?», le cogió como nunca ese sentimiento de abandono expresado por el Señor mismo. Se sintió, de repente, uno con Cristo. Dolorosamente uno. Nunca había comprendido estas palabras como ahora. Ya no le parecían extrañas. Desde hacía meses buscaba el rostro de Dios. Desde hacía meses vivía con la impresión de que Dios se había retirado de él y de su Orden. La agonía del Hijo, sabía un poco lo que era ahora: esta ausencia del Padre, ese sentimiento de fracaso y de un desarrollo fatal y absurdo de acontecimientos en que el hombre y su voluntad de bien quedan barridos, aplastados por un juego de fuerzas inexorables.

La Palabra del salmo penetraba en Francico lentamente. No le arrojaba de sí mismo. No le encerraba en su sufrimiento. Al contrario, le abría al de Cristo por lo más profundo de sí mismo. Le parecía entonces no haber contemplado nunca este sufrimiento más que desde el exterior. Ahora lo veía de dentro. Participaba en él. Lo sufría como una experiencia personal. Hasta la náusea. Esta vez, al menos, era plenamente asimilado a Cristo. Hacía mucho que deseaba imitar al Señor en todo. Desde su conversión se había esforzado en esto sin descanso. Pero, a pesar de todo ese esfuerzo, lo veía bien en este momento, no sabía todavía lo que era exactamente hacerse semejante al Señor. Ni hasta dónde podía llegar eso. ¿Cómo hubiera podido saberlo? [El hombre no sabe verdaderamente más que lo que experimenta.] Seguir a Cristo con los pies descalzos, vestido con una sola túnica, sin bastón, sin bolsa, sin provisiones, era ya algo, desde luego. Pero no era más que un comienzo, un ponerse en camino. Era preciso seguir hasta el fin. Y, como él, dejarse conducir por Dios a través de un abismo de abandono y gustar, en una soledad atroz, la áspera muerte del Hijo del hombre.

Ese día de Viernes Santo fue agotador. Francisco lo encontró muy largo. Pero llegó la tarde trayendo su paz. Una paz profunda. Como la que cae lentamente sobre los campos cuando se ha terminado el duro trabajo. La tierra está revuelta, rota. No ofrece ya ninguna resistencia. Se extiende abierta y dócil. Y ya el fresco de la tarde la penetra y la llena. Volviendo hacia la ermita, Francisco sentía que poco a poco esta paz le envolvía y le invadía. Todo estaba consumado. Cristo había muerto, se había entregado a su Padre en un derrumbamiento total. Había aceptado el fracaso. Su vida humana, su honor humano, su misma pena humana, todo eso se había borrado a sus ojos y había cesado de contar. Ya no quedaba más que esta sola realidad desmesurada: Dios es. Eso

solo importaba. Eso solo bastaba: que Dios sea Dios.
Todo su ser se había curvado ante esta sola realidad.

Había adorado al Unico. Había muerto en esta aceptación sin reserva. En esta extrema pobreza y en este supremo acoger, y la gloria de Dios le había cogido.

Allá, por encima de los montes, el sol bajaba lentamente. Sus rayos venían a golpear los bosques por donde caminaba Francisco. La espesura estaba atravesada por grandes rayas brillantes. Los árboles se bañaban en un polvo de luz. Reinaba una gran calma. Ni un soplo. La hora tenía una majestad serena.

—Dios es, eso basta—murmuró Francisco.

En un claro, miró el cielo. Estaba sin nubes. Un milano rojo planeaba. Su vuelo tranquilo y solitario parecía decir a la tierra: «Dios solo es Todopoderoso. El es Eterno. Basta que Dios sea Dios.» Francisco sintió que su alma se hacía ligera, potente y ligera a la vez, como un ala.

—Dios es, eso basta—repitió.

Estas palabras tan simples lo llenaban de una extraña claridad. Tenían para él una resonancia infinita. Francisco escuchó, una voz le llamaba. No era una voz humana. Tenía un acento de misericordia. Le hablaba al corazón.

—¡Pobre hombre pequeño!—decía la voz—. Aprende ya que Yo soy Dios y deja para siempre de turbarte. ¿Porque yo te haya establecido como pastor sobre mis ovejas vas a olvidar que Yo soy el mayoral? Te he escogido a propósito, hombrecillo, para que sea manifiesto a la vista de todos que lo que Yo hago en ti, no sale de tu habilidad, sino de mi Gracia. Soy Yo el que te he llamado. Soy Yo el que guarda el rebaño y lo apacienta. Yo soy el Señor y el Pastor. Es cosa mía. No te asustes más.

—¡Dios, Dios!—dijo despacito Francisco—. Eres protección. Eres guardián y defensor. Grande y admirable Señor. Tú eres nuestra suficiencia. Amén. Aleluya.

Su alma chorreaba de paz y de alegría. Caminaba con un andar alegre. Bailaba más que andaba.

Llegó a un sitio en que la mirada podía extenderse muy lejos sobre el campo. Se dominaba las colinas vecinas, y más allá, la llanura que se perdía en el horizonte. Francisco se paró un instante a contemplar el paisaje. Sobre una de las colinas había un rebaño de vacas que volvía. Podía parecer bastante minúsculo todo, los animales y el hombre que caminaba detrás. Seguramente habría también perros alrededor. Pero no se les distinguía bien. Sólo cuando uno de los animales se destacaba demasiado del grupo le volvía a atraer bastante rápidamente como una fuerza invisible. Seguramente el hombre gritaba y los perros ladraban; a esta distancia y a esta altura no se les oía. La escena era muda. Parecía nacida, fundida en la vida silenciosa de la Naturaleza. El ajetreo del hombre encontraba en este conjunto sus justas proporciones, era algo pequeñito. Casi insignificante.

—Tú solo eres grande—dijo Francico.

Y volvió a reemprender su camino. El día bajaba. La niebla iba a cubrir los barrancos y las estrellas iban a encenderse en el cielo. Era así, pensaba Francisco, desde el principio. Desde que hubo una tarde. Era la imagen de la permanencia de Dios.

Se acercaba a la ermita. León venía a su encuentro.

—Tienes aspecto alegre esta tarde—dijo León.

—Esta tarde dentro de mí está el horizonte claro —respondió Francisco—. Y una alondra invisible canta perdidamente la victoria del Señor.

Una hora más tarde, Francisco estaba arrodillado en la capilla de la ermita. Sintió que alguien le tiraba de la manga. Le miró. El rostro de Rufino se inclinaba hacia él.

—¡Oh, hermano Rufino!—exclamó Francisco.

—Buenas tardes, padre—dijo Rufino con una gran sonrisa—. Tengo que hablar contigo; pero no en seguida, dentro de algunos días, si quieres.

—Cuando quieras—le respondió Francisco—. Sabes que estoy siempre. Pero hermano Rufino, ¡parece que hayas vuelto a encontrar la alegría!

—Sí, padre, quería decírtelo esta misma tarde, sin esperar más. Lo demás ya te lo diré más adelante.

—¡Alabado sea Dios!—gritó Francisco, levantándose de un salto.

Y le abrazó.

Capítulo VIII
Si supiéramos adorar

En la ermita se celebró la Pascua con muchísima alegría. El hermano Rufino había encontrado otra vez el camino de la comunidad. Se le veía alegre como nunca. Buscaba todas las ocasiones de hacer un servicio. Por la mañana era él el que bajaba primero a la fuente a coger el agua para todo el día. Ayudaba en la cocina y en todos los trabajos. Se propuso hasta ir a pedir, lo que por su parte era una cosa verdaderamente extraordinaria. Parecía como un hombre transformado. La atmósfera de la pequeña comunidad se encontraba felicísimamente dilatada.

El miércoles de Pascua el hermano Rufino cogió al hermano Francisco aparte y se puso a hablar con él con el corazón abierto.

—Te vengo a ver, padre, como ya te había dicho. Acabo de salir de un mal paso. Ahora ya va todo mucho mejor, pero me doy cuenta de que he estado a punto de perder completamente el sentido de mi vocación.

—Cuéntame lo que te ha pasado—le pidió Francisco.

Rufino se calló un instante. Suspiró como el que tiene demasiadas cosas que decir y no sabe por dónde comenzar. Los dos hermanos caminaban tranquilamente bajo los pinos, no lejos de la ermita. Avanzaban sin ruido, sobre una gruesa alfombra de agujas secas. Hacía buen tiempo. Flotaba en el aire olor a resina.

—Sentémonos aquí—dijo Francisco—. Será más fácil para hablar.

Se sentaron en el suelo. Entonces Rufino empezó a decir:

«Cuando vine a pedirte que me admitieras entre tus hermanos, hace ya doce años, me empujaba el deseo de vivir según el santo Evangelio, tal como te lo veía practicar a ti. Entonces yo era muy sincero. Quería verdaderamente seguir el Evangelio. Mis primeros años en la fraternidad se pasaron sin demasiadas dificultades. Me lanzaba con entusiasmo a hacer todo lo que me parecía propio de esta nueva vida.

»Pero en el fondo de mí mismo era llevado, sin saberlo, por una mentalidad que no era evangélica. Sabes en qué ambiente he crecido. Yo era de familia noble. Por mi sensibilidad, y por mi educación y por todas las fibras vivas de mi ser, yo pertenecía a este ambiente noble. Sentía que juzgaba según este medio, según los valores que son habitualmente honrados en él. Al venir a ti y al adoptar tu género de vida, extremadamente humilde y pobre, pensaba haber renunciado completamente a estos valores, creía verdaderamente haberme perdido para el Señor.

»Era verdad, pero sólo en la superficie. Había cambiado de género de vida y de ocupaciones, y para mí el cambio era grande; pero, en lo más profundo de mí mismo, sin darme cuenta, me había quedado con una gran parte de mi alma, la más importante. Conservaba mi antigua mentalidad, la de mi ambiente. Seguía juzgando a la gente y a las cosas según lo que había visto hacer en mi casa, en mi familia. En el castillo de mi padre el recibir a la gente en la puerta, trabajar en la cocina o en los otros oficios, era quehacer de domésticos y de criados. Al hacerme fraile menor juzgaba igualmente que hacer el oficio de portero o de cocinero, como ir a pedir o cuidar de los leprosos, era rebajarse a una condición inferior. A pesar de esto, aceptaba de buena gana estos oficios. Para humillarme precisamente. Me había puesto como punto de honor abajarme de este modo. Pensaba que en eso consistía la humildad evangélica. Había entrado en la Orden con este espíritu.

»Pasaron los años. Como no tenía aptitud para la predicación, me he visto obligado muchas veces a cumplir estos encargos, que juzgaba inferiores y viles. Puesto que era mi deber, me obligaba a ello. Me humillaba por deber y verdaderamente yo me sentía humillado por ello.

»Llegó lo que tenía que llegar. Terminé, naturalmente, por pensar que los otros hermanos, los que iban a predicar, me tomaban por su criado. Ese sentimiento no hizo más que crecer cuando los hermanos más jóvenes que yo, y que habían salido de un ambiente completamente modesto, entraron en la Orden y fueron también ellos a predicar, dejándome al cuidado de lo material de la comunidad. Si uno de ellos me hacía una advertencia o simplemente expresaba un deseo, yo me turbaba y me irritaba. No decía nada, pero hervía interiormente. Después, de un golpe, me calmaba y volvía a empezar. Me humillaba un poco más, siempre por deber.

»Así, lo hacía todo por deber. Creía que era eso la vida religiosa, pero yo me estaba esforzando en meterme un vestido mal cortado sin poder parar dentro. En cuanto podía me liberaba. Mi vida, mi verdadera vida, estaba en otra parte. Estaba allí donde yo me encontraba a mí mismo. Cada día, en efecto, no tenía más que una prisa: terminar con estos viles empleos para refugiarme en la soledad. Allí me sentía de nuevo señor de mí mismo y revivía. Después, el deber me volvía a coger. Me obligaba otra vez a ser el doméstico de mis hermanos.

»Pero uno se agota con este régimen. Parece mentira cómo puede uno llegar a tanto. Todo lo que hacía por deber lo hacía sin corazón, como un forzado que arrastra su cadena. Perdía el apetito y el sueño, empezaba ya el día cansado y en seguida empecé a tomar manía a todos los hermanos. Veía en cada uno de ellos un señor, del cual era yo esclavo. Me sentía despreciado. Eso me revolvía, ya no podía soportar a nadie, terminé por estar furioso interiormente contra todo el mundo. Entonces, en mi candidez, creí muy sinceramente que el Señor me quería todo para El en una

108

soledad completa. Fue entonces cuando te pedí permiso para retirarme a esta ermita. Después, aquí mismo fue la crisis terrible que tú sabes.» Hasta aquí había llegado.

—Todo lo que me dices no me extraña—le dijo entonces dulcemente Francisco—. Acuérdate del día en que te envié a predicar, a pesar de que no querías. Quería hacerte salir de ti mismo, de ese aislamiento en que sentía que te estabas encerrando.

—Sí, padre, me acuerdo. Pero entonces no podía comprender. Es extraño cómo ahora todo se hace claro para mí—contestó Rufino.

—El Señor ha tenido piedad de ti—dijo Francisco—. Y es así como tiene piedad de cada uno de nosotros. A su hora. En el momento que nosotros lo esperamos menos. Experimentamos entonces su misericordia. Se hace conocer de nosotros de esta manera. Como la lluvia tardía que hace posar el polvo del camino.

—Es verdad—dijo Rufino—. Tengo la impresión de comenzar una nueva existencia.

—Pero ¿cómo te ha abierto los ojos el Señor?—preguntó Francisco.

—El Jueves Santo, mientras que almorzábamos juntos—respondió Rufino—, un hermano recordó incidentalmente una de tus palabras: «Si una madre alimenta y cuida a sus hijos según la carne, con cuánta más razón tenemos nosotros que alimentar y cuidar a nuestros hermanos según el espíritu.» Yo te había oído decir eso muchas veces, pero sin prestar atención y, a decir verdad, sin comprender. Esta vez las pala-

109

bras tuvieron sentido para mí. Me quedé impresionado y, de vuelta a la celda, las medité largamente.

»—En una familia en donde no hay criados, las cosas se hacen con toda naturalidad; es la madre la que hace la comida, sirve la mesa, limpia la casa y se molesta por todos a todas horas. Lo encuentro normal. No se siente herida por eso. No tiene la impresión de abajarse a un rango inferior. No se cree la criada. Ama a sus hijos y a su marido. De ahí su impulso y su fuerza para servirles. Llega a estar cansada, cansadísima incluso, pero no disgustada. Y yo pensaba en esas familias de condición modesta que yo había tenido ocasión de conocer muy de cerca y en que la madre, a pesar de todas las dificultades de su tarea, rebosa de paz y de felicidad en medio de su cansancio.

»—Vi claramente entonces que andaba por un camino equivocado. Que me guiaba por una mentalidad que no era evangélica. De ahí mi resentimiento. Pensaba que había dejado el mundo porque había cambiado de ocupación. Me había olvidado de cambiar de alma. Ese instante fue para mí un cambio completo de perspectiva. Y no esperé más para aprovechar la luz que se me daba. En seguida corrí a ponerme al servicio de mis hermanos. Y desde entonces la luz no ha hecho más que crecer en mí y la paz también. Ahora me siento libre y ligero como un pájaro escapado de la jaula.

—Puedes dar gracias al Señor—dijo Francisco—. Lo que acabas de vivir es una experiencia muy útil. Aho-

110

ra sabes lo que es un Hermano Menor: un pobre, según el Evangelio; un hombre que, libremente, ha renunciado a ejercer todo poder, toda clase de dominio sobre los otros, y que, sin embargo, no es conducido por un alma de esclavo, sino por el Espíritu más noble que hay, el del Señor. Esta vía es difícil. Pocos la encuentran. Es una gracia, una gracia grandísima que el Señor te ha hecho.

»—No son sólo los amos de este mundo los que son conducidos por la voluntad de poder y de dominación. Los servidores lo son también porque no aceptan libremente su condición de servidores. Esta condición es entonces un yugo pesado que aplasta al hombre y le hace sudar resentimiento. Ese yugo no es, desde luego, el del Señor.

»—Ser pobre, según el Evangelio, no es solamente obligarse a hacer lo que hace el último, el esclavo; es hacerlo con el alma y el espíritu del Señor. Eso lo cambia todo. Donde quiera que está el espíritu del Señor, el corazón no está amargo. No hay sitio para el resentimiento. Cuando estaba todavía en el mundo, consideraba como la última de las cosas ir a cuidar a los leprosos. Pero el Señor ha tenido piedad de mí. Me condujo Él mismo a ellos, y yo les compartía misericordia. Y cuando volvía a ellos, lo que me parecía en otro tiempo amargo se había cambiado para mí en dulzura para el alma y para el cuerpo. El espíritu del Señor no es un espíritu de amargura, sino de dulzura y de alegría.»

—Esta experiencia que acabo de pasar me ha enseñado—[dijo Rufino—qué fácil es hacerse ilusión sobre uno mismo. Y cómo se puede, sin enrojecer, tomar por inspiración del Señor lo que no es más que un impulso de nuestra naturaleza.

—Sí, la ilusión es muy fácil—dijo Francisco—. Por eso es tan frecuente. Hay, sin embargo, una señal que permite desenmascararla con toda seguridad.

—¿Cuál?—preguntó Rufino.

—La turbación del alma—respondió Francisco—. Cuando un agua se pone turbia, es claro que no es muy pura. Pasa lo mismo en el hombre. Un hombre a quien invade la turbación deja ver que la fuente de inspiración de sus actos no es pura, está mezclada. Ese hombre está ampujado por algo distinto del espíritu del Señor. Mientras que un hombre tiene todo lo que desea, no puede saber si es verdaderamente el espíritu de Dios el que le conduce. Es tan fácil elevar sus vicios a la altura de virtudes, y buscarse a sí mismo bajo apariencia de fines nobles y desinteresados. Y eso con la mayor inconsciencia. Pero cuando llega la ocasión en que el hombre que así se miente a sí mismo se ve contradecido y contrariado, entonces cae la máscara. Se turba y se irrita. Detrás del hombre «espiritual», que no era más que un personaje prestado, aparece el hombre «carnal». Vivo, con todas sus uñas, defendiéndose. Esa turbación y esa agresividad revelan que el hombre es llevado por otros fondos que los del espíritu del Señor.]

Sonó la campana de la ermita. Era la hora del Oficio. Francisco y Rufino se levantaron y se dirigieron hacia la capilla. Iban allí tranquilamente, como hombres libres.

De repente, Francisco cogió el brazo de Rufino y lo paró.

—Escucha, hermano, es preciso que te diga una cosa.

Se calló un momento con la mirada baja hacia el suelo. Parecía dudar. Después, mirando a Rufino bien a la cara, le dijo gravemente:

—Con la ayuda del Señor, has vencido tu voluntad de dominio y de prestigio. Pero no sólo una vez, sino diez, veinte, cien veces tendrás que vencerla.

—Me das miedo, padre—dijo Rufino—. No me siento hecho para sostener una lucha así.

—No llegarás a ello luchando, sino adorando—replicó dulcemente Francisco—. El hombre que adora a Dios reconoce que no hay otro Todopoderoso más que El solo. Lo reconoce y lo acepta. Profundamente, cordialmente. Se goza en que Dios sea Dios. Dios es, eso le basta. Y eso le hace libre. ¿Comprendes?

—Sí, padre, comprendo—respondió Rufino.

Habían vuelto a caminar mientras hablaban. Estaban ya a unos pasos del oratorio.

—Si supiéramos adorar—dijo entonces Francisco—, nada podría verdaderamente turbarnos: atravesaríamos el mundo con la tranquilidad de los grandes ríos.

Capítulo IX

No hay que despreciar nada

En la ermita no se le ocultaba a ninguno de los hermanos que Francisco había encontrado ahora la paz. Sin embargo, cada uno de ellos sentía que esta paz no había quitado el sufrimiento del corazón de su padre; sólo lo había transfigurado. Francisco no daba ya la impresión de un hombre aplastado. Otra vez su rostro se había abierto e iluminado maravillosamente. Muchas veces durante el día se le oía cantar. Y eso gustaba muchísimo a los hermanos. Pero, para ellos, continuaba siendo un hombre que vuelve de los abismos. Se había adelantado hacia Dios, tan lejos como puede llegar un hombre sin morir. Había luchado con el ángel, solo, en la noche, y había triunfado. Ahora les era devuelto. Pero llevaba la marca misteriosa de esta lucha desigual. La luz que brillaba ahora en su mirada había arrojado de su rostro todos los trazos de sombra, pero no llegaba a borrar en ella la expresión de gravedad donde se leía la profundidad de un alma que Dios mismo ha vaciado para vivir en ella más a gusto.

Francisco había vuelto a sus oraciones solitarias. En

los senderos, bajo los pinos, la luz viva de la primavera se atenuaba y se hacía extremadamente dulce.
Le gustaba ir allí a recogerse y rezar. No decía nada
o casi nada. Su oración no estaba hecha de fórmulas.
Escuchaba, sobre todo. Se contentaba con estar y
prestar atención. Se diría que estaba al acecho, como
un cazador. Vivía así largas horas de espera, atento
al menor movimiento de los seres y de las cosas que
le rodeaban, presto a descubrir la señal de una presencia. El canto de un pájaro, el ruido de las hojas,
las acrobacias de una ardilla, y hasta el lento y silencioso brotar de la vida, ¿no iba a hablar todo eso
un lenguaje misterioso y divino? Era preciso saber escuchar y comprender, sin rechazar nada, sin turbar
nada, humildemente y con el mayor respeto, haciendo
silencio en sí mismo. A través de los pinos, el viento
soplaba despacito. Murmurando una hermosa can-
ción. Y Francisco escuchaba al viento que le hablaba.
El viento se había hecho su gran amigo. ¿No era él
también peregrino y extranjero en este mundo, sin
techo, siempre errante y borrándose? Pobre entre los
pobres, llevaba en su desnudez las ricas semillas de la
creación. No guardaba nada para él. Sembraba y pasaba. Sin inquietarse en dónde podía caer, sin saber
nada del fruto de su trabajo. Se contentaba con sembrar, y lo hacía con prodigalidad. No atado a nada,
era libre como el espacio inmenso. Soplaba donde
quería, a imagen del espíritu del Señor, como dice la
Escritura. Y mientras que Francisco escuchaba el
canto del viento, sentía crecer en él el deseo de par-

ticipar en el espíritu del Señor y en su santa actividad. Y ese deseo, a medida que le invadía, le llenaba de una paz inmensa. Todas las aspiraciones de su alma se calmaban al hacerse este supremo deseo.

Una tarde, al volver de pedir, el hermano Silvestre contó a Francisco que en una granja, por donde había pasado, se había parado a consolar a una pobre madre cuyo niño estaba gravemente enfermo. El niño no guardaba ningún alimento. Vomitaba casi todo lo que tomaba y adelgazaba de una manera inquietante. La madre veía a su pequeñito deshacerse de día en día, sin poder hacer nada para salvarle. Y era para ella desgarrador. Hacía dos años había perdido un niño en condiciones semejantes. Estaba hundida y lloraba. Daba pena verla.

—Iré a ver a esa pobre mujer—dijo simplemente Francisco.

Y por la mañana tempranito partió solo a través de los bosques y el campo. La pequeña granja formaba parte de un caserío. Se la distinguía muy bien. Un techo bajo, con alas de paja, «la más pobre y la más miserable», había dicho el hermano Silvestre.

En el patiecito, lleno de sol, un perro famélico recibió a Francisco; llegó hacia él ladrando y no hubo tregua hasta que no le puso su mano debajo del hocico húmedo. La puerta de la masía estaba abierta. Francisco pasó el umbral diciendo su saludo habitual, el que el Señor le había enseñado: «Paz a esta casa.» De la oscuridad salió una figura de mujer y se acercó a la entrada. En cuanto pudo verle los rasgos de la cara, Francisco reconoció en seguida que era la madre del niño enfermo. Su aspecto, todavía joven, pero desolado y cansado, no dejaba lugar a ninguna duda.

—Me ha dicho el hermano Silvestre que tenía usted un niño enfermo, y he venido a verle.

—Usted es el hermano Francisco, sin duda—dijo la mujer, cuyo rostro se había serenado de repente—. El hermano Silvestre me ha hablado de usted. Qué bien que haya venido, hermano. Entre, entre.

Y, sin más, le llevó al otro extremo del cuarto, junto a la cama de su niño. El pequeñito tenía los ojos abiertos, pero la cara, de color de cera, no tenía ninguna expresión de vida. Francisco se inclinó ante él maternalmente y empezó a hacer gestos para hacerle sonreír. Pero el niño no sonrió. Sus ojos grandes, profundamente hundidos en su órbita, estaban ojerosos.

—¿Dios me lo va a llevar también a él?—preguntó dolorosamente la mujer—. Sería el segundo en dos años. ¡Oh!, no puede ser, hermano.

Francisco callaba. El dolor de esta madre no le era ajeno. La comprendía mejor que nadie, porque él mismo, desde hacía meses, sufría un dolor idéntico. El también sabía lo que era perder los hijos y verlos morir día a día. La pena de esta mujer le conmovía y le dolía profundamente.

—Pobre madre—dijo después de unos momentos de silencio—; es preciso, sobre todo, no perder la confianza. Se puede perder todo, menos la confianza.

No decía eso sólo con los labios, sin creer en ello

demasiado, sólo porque hiciera falta decir algo. Acababa de expresar en ello lo más profundo de su ser. Y la mujer lo sintió del todo. Se le habían dicho ya, sin duda, palabras semejantes, pero no de esta manera. Nunca le habían impresionado como esta vez. Ahora las palabras brotaban de una profundidad distinta. Era preciso haber sufrido mucho uno mismo, y quizá haberlo perdido todo, para hablar con ese acento de sinceridad y también con esta seriedad. Era preciso haber ido más allá de la desesperación y haber encontrado la tierra firme, la realidad profunda que no engaña.

Junto a la cuna, había una ventana que daba al jardín de detrás de la casa. Se veía sentado a la sombra de un manzano lleno de flores, el abuelo que tenía en las rodillas a un chiquillo y le contaba un cuento. Y por la hierba había una niña jugando con un gato negro.

—¿Son los dos mayores, con el abuelo?—preguntó dulcemente Francisco, mirando por la ventana.

—Sí, son los dos primeros—respondió la madre.

—Parece que están muy bien—dijo Francisco.

—Sí—dijo ella con un gesto—; están muy bien, no tengo demasiado de qué quejarme, gracias a Dios.

—Sí, gracias a Dios—repitió Francisco—. Tiene usted razón de dar gracias al Señor por ello.

—Sí, es verdad—dijo la mujer—. Pero aunque tuviese diez como éstos, con buena salud y vivos, no reemplazarían nunca todos juntos al que he perdido ya. A un hijo no se le reemplaza. Es siempre un ser único. Y cuando uno de ellos acaba de desaparecer, todos los otros reunidos, por muy numerosos que sean, no logran llenar el vacío. Y cuando más ha sufrido una madre por un niño, más le quiere.

Hubo un momento de silencio. En las pajas del techo andaba un ratoncito con su paso menudo. Afuera, en el jardín, el abuelo seguía su cuento. Sin duda, había llegado al momento más impresionante de la historia. Su voz se hacía más grave, más misteriosa. Y su cara tenía una expresión dramática. La niña había dejado al gato, se había acercado al abuelo y le pedía con una voz cariñosa:

—Empiece, abuelito, empiece, yo no he oído el principio.

—Deja contar al abuelo—decía su hermano, empujándola con el brazo.

Y el abuelo, como si no oyera, continuaba su historia con toda la calma.

En la cuna, el pequeñito había cerrado los párpados. Francisco levantó la mano y lo bendijo. Después se retiró despacito.

—Vamos a dejarle dormir—le dijo a la madre—, volveré pronto a verle.

—Mi marido está en el campo—dijo la mujer—. No volverá hasta la noche. Pero venga a saludar al abuelo antes de irse.

—No, déjele, por favor—dijo Francisco—. No hay que molestarlo ahora. Estropearíamos la fiesta de los niños. Tienen necesidad de que su abuelo les cuente historias. Una niñez sin cuentos es una mañana sin sol, o una planta joven sin raíces. Yo me acuerdo siempre de las historias que nos contaba nuestra madre cuando éramos pequeños. Mi madre era de origen provenzal, conocía bien las leyendas del país de Francia. Y en el invierno, por las noches, antes de irnos a dormir, nos apretábamos contra ella y, con una alegría mezclada a veces de miedo, la escuchábamos contando las maravillosas historias de la selva de Brocelandia, donde vivía el encantador Merlín y el hada Viviana; y otras veces del emperador Carlos de la barba florida y de sus intrépidos caballeros Roldán y Oliveros. Y nos imaginábamos ese bello y dulce país en donde cabalgaba el emperador Carlos, escoltado por sus paladines. Todos esos recuerdos me han quedado. Siento que hacen parte de mí, y a veces les oigo cantar dentro. Dios habla también por estas voces humildes de la tierra. No hay que despreciarlas; no hay que despreciar nada. Ni siquiera a las hadas, también son hijas de Dios.

La mujer escuchaba con la mirada fija en el rostro a la vez grave y muy dulce, que le hablaba. Una cosa la impresionaba sobre todo: era la inmensa bondad que se transparentaba en las palabras de Francisco, y que irradiaba de todo su ser y se extendía a todas las cosas. Mientras que le miraba y le escuchaba, el mundo tomaba para ella otro sentido y otra densidad; se le hacía vasto y profundo; le parecía lleno de una armonía escondida. Nada era exagerado, todo se sostenía y se enraizaba en una misma bondad original. Se podía uno fiar, Dios estaba presente por todas partes en él. Hasta en los cuentos y las historias maravillosas de las hadas.

—Bueno, tiene que volver a vernos otra tarde—dijo la mujer.

—Será pronto—respondió Francisco—. Adiós.

Y se marchó por los bosques y campos. Llevaba ahora en su corazón el dolor de esta madre. Al volver a la ermita se entretuvo mucho tiempo rezando, mientras que caía la noche, como siempre, pero esta tarde su pensamiento iba hacia la pobre gente que había visitado. Pedía al Señor que no les quitara su pobreza, sino que les diera la alegría con la pobreza; porque donde hay pobreza con alegría no hay avidez ni avaricia. Veía a la pobre mujer tan cansada, tan sin fuerza, que esperaba manifiestamente una ayuda de El. Y pensaba también en todas las otras madres tan cansadas y desoladas. El sufrimiento de este mundo le pareció inmenso y sin fondo, como la noche.

Capítulo X

No se puede impedir al sol que brille

«Será pronto», había dicho Francisco a la mujer. Algunos días más tarde, solamente se puso en camino al atardecer con el hermano León para ir a ver al niño enfermo. Le había venido la idea de llevar el saquito de flores que la hermana Clara le había dado a su paso por San Damián.

—Voy a sembrarlas debajo de la ventana de los niños—se decía—, eso les dará alegría a los ojos. Cuando vean florecer su casita todavía la querrán más. Es todo tan diferente cuando se han visto flores desde pequeño.

Francisco se dejaba ir con estos pensamientos mientras caminaba detrás de León a través del bosque. Estaban acostumbrados los dos a estas caminatas silenciosas a través de la gran Naturaleza. Pasaron pronto las cuestas de un barranco, en cuyo fondo bramaba un torrente. El lugar era retirado y de una belleza salvaje y pura. El agua saltaba sobre las rocas, blanquísima y exultante, con breves relámpagos azules. Había en el ambiente un gran frescor que penetraba el suelo de los bosques vecinos. Unos enebros habían brotado entre las rocas por un lado y por otro y dominaban el borboteo del agua.

—¡Hermana agua!—gritó Francisco, acercándose al torrente—. Tu pureza canta la inocencia de Dios.

Saltando de una roca a otra, León atravesó corriendo el torrente. Francisco le siguió. Tardó más tiempo. León, que le esperaba de pie en la otra orilla, miraba cómo corría el agua limpia con rapidez sobre la arena dorada entre las masas grises de rocas. Cuando Francisco se le juntó, siguió en su actitud contemplativa. Parecía no poder desatarse de ese espectáculo. Francisco le miró y vio tristeza en su rostro.

—Tienes aire soñador—le dijo simplemente Francisco.

—¡Ay si pudiéramos tener un poco de esta pureza —respondió León—, también nosotros conoceríamos la alegría loca y desbordante de nuestra hermana agua y su impulso irresistible!

Había en sus palabras una profunda nostalgia, y León miraba melancólicamente el torrente, que no cesaba de huir en su pureza inaprensible.

—Ven—le dijo Francisco, cogiéndole por el brazo.

Empezaron los dos otra vez a andar. Después de un momento de silencio, Francisco preguntó a León:

—¿Sabes tú, hermano, lo que es la pureza de corazón?

—Es no tener ninguna falta que reprocharse—contestó León sin dudarlo.

—Entonces comprendo tu tristeza—dijo Francisco—, porque siempre hay algo que reprocharse.

—Sí—dijo León—, y eso es, precisamente, lo que me hace desesperar de llegar algún día a la pureza de corazón.

—¡Ah!, hermano León; créeme—contestó Francisco—, no te preocupes tanto de la pureza de tu alma. Vuelve tu mirada hacia Dios. Admírale. Alégrate de lo que El es, El, todo santidad. Dale gracias por El mismo. Es eso mismo, hermanito, tener puro el corazón. Y cuando te hayas vuelto así hacia Dios, no vuelvas más sobre ti mismo. No te preguntes en dónde estás con respecto a Dios. La tristeza de no ser perfecto y de encontrarse pecador es un sentimiento todavía humano, demasiado humano. Es preciso elevar tu mirada más alto, mucho más alto. Dios, la inmensidad de Dios y su inalterable esplendor. El corazón puro es el que no cesa de adorar al Señor vivo y verdadero. Toma un interés profundo en la vida misma de Dios y es capaz, en medio de todas sus miserias, de vibrar con la eterna inocencia y la eterna alegría de Dios. Un corazón así está a la vez despojado y colmado. Le basta que Dios sea Dios. En eso mismo encuentra toda su paz, toda su alegría y Dios mismo es entonces su santidad.

—Sin embargo, Dios reclama nuestro esfuerzo y nuestra fidelidad—observó León.

—Es verdad—respondió Francisco—. Pero la santidad no es un cumplimiento de sí mismo, ni una plenitud que se da. Es, en primer lugar, un vacío que se descubre, y que se acepta, y que Dios viene a llenar en la medida en que uno se abre a su plenitud. Mira, nuestra nada, si se acepta, se hace el espacio libre en que Dios puede crear todavía. El Señor no se deja arrebatar su gloria por nadie. El es el Señor, el Unico, el Solo Santo. Pero coge al pobre por la mano, le saca de su barro y le hace sentar sobre los príncipes de su pueblo para que vea su gloria. Dios se hace entonces el azul de su alma. Contemplar la gloria de Dios, hermano León, descubrir que Dios es Dios, eternamente Dios, más allá de lo que somos o podemos llegar a ser, gozarse totalmente de lo que El es. Extasiarse delante de su eterna juventud y darle gracias por Sí mismo, a causa de su misericordia indefectible, es la exigencia más profunda del amor que el Espíritu del Señor no cesa de derramar en nuestros corazones, y es eso tener un corazón puro, pero esta pureza no se obtiene a fuerza de puños y poniéndose en tensión.

—¿Y cómo hay que hacer?—preguntó León.

—Es preciso simplemente no guardar nada de sí mismo. Barrerlo todo, aun esa percepción aguda de nuestra miseria; dejar sitio libre; aceptar el ser pobre; renunciar a todo lo que pesa, aun el peso de nuestras faltas; no ver más que la gloria del Señor y dejarse irradiar por ella. Dios es, eso basta. El corazón se hace entonces ligero, no se siente ya el mismo, como la alondra embriagada de espacio y de azul. Ha abandonado todo cuidado, toda inquietud. Su deseo de perfección se ha cambiado en un simple y puro querer a Dios.

León escuchaba gravemente, mientras andaba delante de su padre. Pero, a medida que avanzaba, sentía que su corazón se hacía ligero y que le invadía una gran paz.

Llegaron pronto a la casita. Nada más entrar en el patio fueron acogidos por la mujer. De pie en el umbral de su casa, parecía esperarles. Cuando los vio fue hacia ellos. Su rostro resplandecía.

—¡Ah, hermano!—dijo, dirigiéndose a Francisco con una voz conmovida—, ya pensaba que vendrías esta tarde. Esperaba vuestra visita. ¡Si supieras lo feliz que soy! Mi niño va mucho mejor. Ya ha podido comer algo estos últimos días. No sé cómo darte las gracias.

—¡Alabado sea Dios!—exclamó Francisco—. Es a El a quien hay que dar las gracias.

Seguido de León, entró en la pequeña masía, se acercó a la cunita, se inclinó hacia el niño, que le contestó con una sonrisa. La madre estaba encantada. Visiblemente, el niño había recobrado vida. A todo esto, el abuelo entró en la casa con los dos mayores, que le saltaban alrededor. Era un hombre todavía bastante erguido, de rostro tranquilo, con una apacible claridad en los ojos.

—Buenas tardes, hermanos—les dijo—. ¡Qué buenos sois por haber venido a vernos! Estábamos muy inquietos por el pequeño. Pero parece que todo se va arreglando.

—Me alegro muchísimo y le doy gracias a Dios —dijo Francisco.

—Habría que darle siempre las gracias—respondió

el viejo con calma y gravedad—. Aun cuando no se arregle todo como quisiéramos. Pero es difícil. Nos falta siempre esperanza. Cuando yo era joven pedía muchas veces cuentas a Dios cuando las cosas no iban como yo quería, y si Dios se hacía el sordo, yo me turbaba, me irritaba. Ahora ya no pido cuentas a Dios. He comprendido que esta actitud era infantil y ridícula. Dios es como el sol. Se le vea o no se le vea, que aparezca o se oculte, Él brilla. ¡Vaya usted a impedir al sol que brille! Pues menos se puede todavía impedir a Dios que se derrame en misericordia.

—Es verdad—dijo Francisco—. Dios es el Bien; no puede querer más que el bien. Pero, a diferencia del sol, que brilla sin nosotros y por encima de nuestras cabezas, ha querido que su bondad pase por el corazón de los hombres. Hay en eso algo de maravilloso y también de temible. Depende de cada uno de nosotros, por nuestra parte, que los hombres sientan o no la misericordia de Dios. Por eso la bondad es una cosa tan grande.

Los dos niños, que estaban pegados a las piernas del abuelo, levantaban hacia Francisco y León los ojos, grandes, en donde se leía a la vez el asombro y como una espera. Escuchaban. O, mejor aún, miraban. Era su manera de escuchar. El rostro de Francisco, su manera de hablar, les impresionaba mucho. Emanaba de él tanta vida y tanta dulzura, que estaban como encantados.

—Bueno, esto hay que celebrarlo—dijo entonces

Francisco—. El hermanito va mejor y hay que alegrarse.

Y dirigiéndose al mayor, que no le quitaba los ojos de encima, dijo:

—Ven, hombrecito, voy a enseñarte una cosa.

Lo cogió de la mano y lo llevó hacia el patio de entrada. Todos le siguieron y la pequeña no fue la última en salir a ver lo que iba a pasar.

—He traído semilla de flores—dijo Francisco, enseñando el saquito al niño—. Son flores muy bonitas, pero ¿en dónde las vamos a sembrar?

Francisco echó una ojeada al patio. Había allí, al pie del muro, debajo de las ventanas, una vieja pila de piedra bastante larga, que debía de haber servido en otro tiempo de abrevadero de los animales. Estaba llena de tierra y restos de hojas muertas y de malas hierbas que brotaban.

—Esta pila será muy buena—dijo el abuelo.

Francisco arrancó en seguida las hierbas que había, removió la tierra y se puso a echar las semillas. Todas las miradas seguían su mano, que se movía con prisa, intentando ver la semilla imperceptible que caía.

—¿Por qué haces eso?—preguntó el chico, intrigado.

—Porque—contestó Francisco, continuando la siembra—cuando veas las florecillas salir al sol y reírse con todas sus fuerzas, tú también te reirás y dirás: «¡Ha hecho cosas bien bonitas Dios!»

—¿Y cómo se llaman estas florecillas?—preguntó el niño.

—¡Ah, eso no lo sé!—respondió Francisco—, pero si

quieres, podemos llamarlas *Speranza.* ¿Te acordarás? Son flores de esperanza.

Y el hombrecito, maravillado, deletreó, despacito: «Spe-ran-za.»

En este momento, volvía el padre del trabajo. Gordo, vestido con una túnica de color ceniza, con las piernas desnudas cubiertas de polvo, el rostro sombreado, el cuello abierto, las mangas subidas, dejando ver unos brazos robustos y bronceados, se dirigió hacia los hermanos con una amplia sonrisa en que brillaba el sol de toda una jornada.

—Buenas tardes, hermanos—exclamó—. Habéis tenido buena idea en venir esta tarde. Ha caído muy bien. He terminado el trabajo un poco más temprano. Bueno, ¿han visto al pequeño? Va mucho mejor, ¿verdad? Es verdaderamente extraordinario.

El conjunto de su persona expresaba a la vez algo muy fuerte y simple. El mismo cansancio no quitaba nada a esta impresión de fuerza tranquila. Parecía, por el contrario, darle más peso.

—Se quedarán a cenar con nosotros—dijo a los hermanos, con un tono amistoso, pero sin réplica.

Después, haciendo gesto de retirarse, añadió:

—Un momento, por favor. Me paso un poco de agua por la cara y estoy aquí.

Volvió en seguida, con el rostro fresco. E invitó a sus huéspedes a entrar para la cena. Fue de las más sencillas: una sopa espesa y un poco de verdura. Un alimento de pobres, como le gustaba a Francisco.

Después de la cena, salieron todos al patio de detrás

de la casa. El calor del día había caído. El sol había desaparecido en el horizonte, pero su brillo persistía todavía. Allá, sobre la colina, del lado del Poniente, unos grandes cipreses se levantaban contra un cielo oro, naranja y rosa, y su sombra afilada se alargaba desmesurada sobre los campos; hacía un tiempo dulce y tranquilo. Toda la familia se sentó en la hierba, debajo del manzano. Las miradas se fijaron sobre Francisco, hubo un momento de silencio y espera. Entonces el padre de familia, tomando la palabra, dijo:

—Mi mujer y yo nos preguntamos hace ya algún tiempo qué podíamos hacer para vivir de una manera más perfecta. Podemos, desde luego, dejar a nuestros hijos para llevar la vida de los hermanos, pero ¿cómo tenemos que hacerlo?

—Basta con observar el santo Evangelio en el estado mismo en que el Señor os ha llamado—respondió simplemente Francisco.

—Pero ¿cómo se hace eso en la práctica?—preguntó el padre.

—El Señor, en el Evangelio, nos dice, por ejemplo: «Que el más grande entre vosotros sea como el más pequeño, y el jefe como el que sirve.» Bueno, esta palabra vale para toda comunidad, también para la familia. Así, el jefe de familia a quien hay que obedecer y que es mirado como más grande, debe portarse como más pequeño y hacerse el servidor de todos los suyos. Tendrá cuidado de cada uno de ellos con tanta bondad como quisiera que le mostraran si estuviera él en su sitio. Será dulce y misericordioso con respecto a todos. Y ante la falta de uno de ellos, no se irritará contra él, sino que con toda paciencia y humildad le advertirá y le soportará con dulzura. Eso es vivir el santo Evangelio. Tiene verdaderamente parte en el espíritu del Señor el que obra así. No es necesario, ya lo veis, soñar en cosas grandes. Es preciso volver siempre a la simplicidad del Evangelio. Y, sobre todo, tomar en serio esta simplicidad.

»—Otro ejemplo—prosiguió Francisco—: el Señor dice en el Evangelio: «Bienaventurados los que son pobres de espíritu, porque el reino de los cielos es de ellos.» Bueno, ¿y qué es ser pobre de espíritu? Hay muchos que se eternizan en oraciones y en oficios y que multiplican contra su cuerpo abstinencias y maceraciones, pero por una sola palabra que les parece una afrenta contra su cuerpo, y por una bagatela que les roban, en seguida se ponen escandalizados y turbados. Esos no son pobres de espíritu; porque el que tiene verdaderamente un alma de pobre se desprecia a sí mismo y ama a los que le golpean en la cara.

»—Sería fácil poner muchísimos ejemplos y aplicaciones. Además, en el Evangelio todo está unido. Basta empezar por una punta. No se puede poseer verdaderamente una virtud evangélica sin poseer las demás, y el que hiere una, las hiere todas y no posee ninguna. Así, no es posible ser verdaderamente pobre según el santo Evangelio, sin ser al mismo tiempo humilde, y nadie es verdaderamente humilde si no está

136

sometido a toda criatura, y primeramente, y por encima de todo, a la Santa Iglesia, nuestra madre, y eso no puede hacerse sin una gran confianza en el Señor Jesús, que no abandona nunca a los suyos, y en el Padre, que sabe de qué tenemos necesidad. El Espíritu del Señor es uno. Es un Espíritu de infancia, de paz, de misericordia y de alegría.»

Francisco habló todavía mucho tiempo sobre este tema. Para aquella gente, simple y abierta, el escucharle era un verdadero placer. Pero comenzaba a caer la noche; se pegaba a las gruesas ramas nudosas y oscuras del manzano. Imperceptiblemente, el aire refrescaba. Los niños, los dos mayores, pegados contra su abuelo y que, de cuando en cuando, hacían alguna diablura, empezaban a impacientarse y a querer moverse. Francisco y León pensaron entonces en volver; se levantaron y se despidieron de sus amigos.

Era agradable caminar al fresco de la tarde. El cielo se había hecho azul oscuro y las estrellas se alumbraban una a una. Francisco y León entraron pronto en el bosque. La luna se había levantado. Su claridad golpeaba la cima de los árboles y corría a lo largo de las ramas, entre las hojas, hasta el suelo, en que se esparcía en gruesas gotas de plata sobre los helechos y los arándanos. Había luz por todas partes en el bosque, una luz verde, dulce, acogedora, que dejaba ver hasta muy lejos los inmensos corredores. Sobre los troncos de los viejos árboles, los líquenes y los musgos brillaban como de polvo fino de estrellas, y le pareció entonces a León que todo el bosque esta tarde esperaba a alguien, tan bello estaba en sus juegos de sombra y de luz, y olía todo tan bien: las cortezas, los helechos, la menta y mil flores invisibles. Caminaban en silencio. Ante ellos un zorro salió bruscamente de una matorral y saltó hacia la luz; su pelaje rojo llameó un instante, después desapareció en seguida en la sombra, dando pequeños aullidos. Una vida secreta se despertaba. Los pájaros de la noche se llamaban. Del espesor del suelo subían innumerables ruidos. En un claro, Francisco se paró y miró al cielo. Ahora las estrellas hormigueaban en grupos compactos. También ellas parecían vivir. La noche era maravillosamente clara y dulce. Francisco respiró profundamente y encontró el bosque bienoliente. Toda esta vida invisible, temblorosa y profunda alrededor de él no era para él un poder tenebroso e inquietante. Había perdido a sus ojos el carácter temible y la opacidad se había hecho luz. Le revelaba por transparencia la bondad divina, que es la fuente de todas las cosas. Volviendo entonces a emprender su marcha con alegría, se puso a cantar. La dulzura de Dios se había apoderado de él. La grande y fuerte dulzura de Dios.

—Tú solo eres bueno. Tú eres el Bien, todo el Bien. Tú eres nuestra gran dulzura. Tú eres nuestra vida eterna, grande y admirable Señor—repetía.

Cantaba todo esto en músicas improvisadas. En su alegría, recogió del suelo dos pedazos de madera y apoyando uno sobre el brazo izquierdo se puso a rascar con el otro, como si pasara un arco sobre el violín. León le miraba. Su cara estaba resplandeciente. Andaba y cantaba e imitaba el acompañamiento de su canto, y a León le costaba trabajo seguirle. De repente, Francisco empezó a andar despacito, y León vio con estupor que el rostro de su padre había cambiado, se había hecho doloroso, atrozmente doloroso, y continuaba cantando, pero su canto mismo era doloroso.

—Tú, que te has dignado morir por amor de mi amor—gemía—, haga la dulce violencia de tu amor que yo muera por el amor de tu amor.

León tuvo entonces la certidumbre de que Francisco veía en ese momento a su Señor suspendido en el patíbulo de la cruz. Le veía después de largas horas de agonía, todavía moviéndose, luchando entre la vida y la muerte, espantoso guiñapo humano. Su alegría le había transportado de un salto hasta allí, hasta la contemplación del Crucificado. Había dejado caer las pobres cosas que tenía en sus manos. Después había empezado otra vez su letanía de alabanzas con una voz más fuerte, que resonaba clara en la noche en medio del bosque:

—Tú eres el Bien, todo el Bien, grande y admirable Señor, misericordioso Salvador.

Este nuevo salto a la alegría sorprendió a León. La imagen del Crucificado no había destruido la alegría de Francisco, al contrario, y León pensó que ella debía de ser su verdadera fuente, la fuente purísima e inagotable.

Esta imagen de oprobio y de dolor era verdaderamente la luz que aclaraba sus pasos. Era la que le descubría la creación. Era la que se le hacía ver, por encima de toda la villanía y crímenes de este mundo, perfectamente reconciliada y llena ya de esa soberana bondad, que está en el origen de todas las cosas.

El rostro de Francisco se había iluminado de nuevo maravillosamente con una expresión de niño. Como si la creación acabara de repente de abrirse a sus ojos, toda empapada de la inocencia de Dios, y que el milagro de la existencia se le ofreciese en su primer candor.

Atravesaron un claro. Al borde del bosque una bandada de ciervos que estaban echados allí se levantó. Inmóviles, con la cabeza levantada, los animales miraban cómo pasaba ese hombre libre cantando. No parecían nada asustados. Entonces León comprendió que estaba viviendo un momento extraordinario. Sí, era verdad que esta tarde el bosque estaba esperando a alguien. Todos los árboles, y todos los animales, y todas las estrellas también estaban esperando el paso del hombre fraternal. Hacía muchísimo tiempo, sin duda, que la Naturaleza esperaba así, desde miles de años quizá. Pero esta tarde, por un misterioso instinto, sabía que él debía de llegar, y allí estaba, en medio de ella, y la libertaba con su canto.

Capítulo XI

Más pobre que el leño muerto

Una delgada columna de humo azulado se elevaba al borde del bosque, no lejos de la ermita. Subía ligera, derecha, sin ser molestada por el menor viento. Tranquila y lanzada como los grandes árboles parecía formar parte del paisaje y, sin embargo, intrigaba al hermano León.

Este humo era insólito. ¿A quién se le habría ocurrido encender un fuego tan de mañana? León quiso salir de dudas. Se adelantó, separó las ramas de los arbustos y vio, a un tiro de piedra, a Francisco mismo, de pie junto a un pobre fuego. ¿Qué diablos estaría quemando? Le vio que se agachaba, que recogía una piña y la echaba a las llamas.

León dudó un instante, después se arrimó despacito.

—¿Qué estás quemando ahí, padre?

—Un cesto—respondió simplemente Francisco.

León miró de más cerca. Distinguió los restos de un cesto de mimbre que acababa de quemarse.

—¿No será—dijo—el cesto que estabas haciendo estos días, verdad?

—Sí, el mismo—respondió Francisco.

—¿Y por qué lo has quemado? ¿No te gustaba como había quedado?—preguntó León asombrado.

—Sí, quedaba muy bien, hasta casi demasiado bien —replicó Francisco.

—Pero, entonces, ¿por qué lo has quemado?

—Porque hace un momento, mientras rezábamos tercia, me distraía tanto que acaparaba toda mi atención. Era justo que en recompensa lo sacrificara al Señor—explicó Francisco.

León se quedó con la boca abierta. Por más que se empeñara en comprender a Francisco, sus reacciones le sorprendían siempre. Esta vez el gesto de Francisco le parecía de una severidad excesiva.

—Padre, no te comprendo. Si fuera preciso quemar todo lo que nos distrae en la oración no se terminaría nunca—murmuró León después de un momento de silencio.

Francisco no respondió nada.

—Sabías—añadió León—que el hermano Silvestre contaba con este cesto. Le hacía falta y lo estaba esperando con impaciencia.

—Sí, ya lo sé—respondió Francisco—. Le haré otro en seguida, pero era necesario quemar éste, esto era más urgente.

El cesto había acabado de quemarse. Francisco apagó con una piedra lo que quedaba de fuego y, cogiendo a León por el brazo, le dijo:

—Ven, voy a decirte por qué he obrado así.

Le llevó un poco más allá, junto a un macizo de mimbres, cortó un número bastante grande de varillas flexibles, después, sentándose en el mismo suelo, empezó otro cesto. León se había sentado a su lado, esperando las explicaciones del padre.

—Quiero trabajar con mis manos—declaró entonces Francisco—, quiero también que todos mis hermanos trabajen. No por el ambicioso deseo de ganar dinero, sino por el buen ejemplo y para huir del ocio. Nada más lamentable que una comunidad en donde no se trabaja, pero el trabajo no es todo, hermano León, no lo resuelve todo, puede ser incluso un obstáculo temible a la verdadera libertad del hombre, es así cada vez que el hombre se deja acaparar de su obra hasta el punto de olvidarse de adorar al Dios viviente y verdadero, por eso nos es preciso velar celosamente para no dejar apagar en nosotros el espíritu de oración. Eso es más importante que todos.

—Lo comprendo, padre—dijo León—, pero no vamos por eso a destruir nuestra obra cada vez que nos distraiga en la oración.

—Desde luego—dijo Francisco—. Lo importante es estar presto a hacer este sacrificio al Señor. Sólo con esta condición el hombre conserva su alma disponible. En la antigua ley los hombres sacrificaban al Señor las primicias de sus cosechas y de sus rebaños. No dudaban de deshacerse de lo más hermoso que tenían. Era un gesto de adoración, pero también de liberación. El hombre mantenía así su alma abierta. Lo que sacrificaba ensanchaba su horizonte hasta el infinito. En eso estaba el secreto de su libertad y de su grandeza.

Francisco se calló. Toda su atención pareció entonces concentrarse en su trabajo, pero León, a su lado, veía que todavía le quedaba algo que decir. Algo esencial que debía hacer cuerpo con él y que le costaba trabajo manifestar. Eso León lo sabía, por eso le parecían tan largos esos instantes de silencio. Hubiera querido hablar, decir una palabra para llenar ese silencio. Pero se calló por discreción. De repente, Francisco volvió su cara hacia él y le miró con una expresión de grandísima bondad.

—Sí, hermano León—dijo con mucha calma—, el hombre no es grande hasta que se eleva por encima de su obra para no ver más que a Dios. Solamente entonces alcanza toda su talla. Pero esto es difícil, muy difícil. Quemar un cesto de mimbre que ha hecho uno mismo no es nada, ya ves, aunque esté muy bien hecho, pero despegarse de la obra de toda una vida es algo muy distinto. Ese renunciamiento está por encima de las fuerzas humanas.

»—Para seguir un llamamiento de Dios el hombre se da a fondo a una obra. Lo hace apasionadamente y con entusiasmo. Eso es bueno y necesario. Sólo el entusiasmo es creador; pero crear algo es también marcarlo con su sello, hacerlo suyo inevitablemente. El servidor de Dios corre entonces su mayor peligro. Esta obra que ha hecho, en la medida en que él se apega, se hace para él el centro del mundo; le pone en un estado de indisponibilidad radical. Será preciso un romperse para arrancarle de ella. Gracias a Dios, este rompimiento puede producirse, pero los medios providenciales puestos entonces en marcha son temibles, son la incomprensión, la contradicción, el sufrimiento, el fracaso y, a veces, hasta el pecado mismo Dios lo permite. La vida de fe hace entonces su crisis más profunda, más decisiva también. Esta crisis inevitable se presenta más pronto o más tarde en todos los estados de vida. El hombre se ha consagrado a fondo a su obra y ha creído darle gloria a Dios por su generosidad, y he aquí que, de repente, Dios parece abandonarle a sí mismo, no interesarse por lo que hace. Aún más, Dios parece pedirle que renuncie a su obra, que abandone eso a lo que se ha entregado en cuerpo y alma durante tantos años con alegría y con trabajos.

«Coge a tu hijo, a tu único, al que tú amas, y vete al país de Moria y allí ofrécemelo en holocausto.» Esta palabra terrible dirigida por Dios a Abraham no hay verdadero servidor de Dios que no la oiga un día a su vez. Abraham había creído en la promesa que Dios le había hecho de darle una posteridad. Durante veinte años había esperado su realización. No había desesperado. Y cuando por fin había llegado el niño, sobre el que reposaba la promesa, entonces Dios exige a Abraham que se lo sacrifique. Sin ninguna explicación. El golpe era rudo e incomprensible. Pues bien: eso mismo es lo que Dios nos pide a nosotros también un día u otro. Entre Dios y el hombre parece que no se habla el mismo lenguaje. Ha surgido una incomprensión. Dios había llamado y el hombre había respondido. Ahora el hombre llama, pero Dios se calla. Momento trágico en que la vida religiosa limita con la desesperación, en que el hombre lucha completamente solo en la noche con el inaprensible. Ha creído que le bastaría con hacer esto o aquello para ser agradable a Dios, pero es a él a quien se exige. El hombre no es salvado por sus obras, por muy buenas que sean. Es preciso que se haga él mismo obra de Dios. Debe hacerse más maleable y más humilde en las manos de su Creador que la arcilla en manos del alfarero. Más flexible y más paciente que el mimbre entre los dedos del que hace cestos. Más pobre y más abandonado que la madera muerta en el bosque en el corazón del invierno. Solamente a partir de este estado de abandono y en esta confesión de pobreza, el hombre puede abrir a Dios un crédito ilimitado, confiándole la iniciativa absoluta de su existencia y de su salvación. Y entra entonces en una santa obediencia. Se hace niño y juega el juego divino de la creación. Más allá del dolor y del gozo, llega al conocimiento de la alegría y del poder. Puede mirar con un corazón igual al sol y a la muerte. Con la misma gravedad y con la misma alegría.»

León se callaba. Ya no tenía ganas de hacer preguntas. No comprendía, desde luego, todo lo que le decía Francisco, pero le parecía que no había visto tan claro y profundo nunca en el alma de su padre. Lo que le impresionaba, sobre todo, era la tranquilidad con que hablaba de cosas graves, que seguramente había sabido por experiencia. Se acordó de lo que

Francisco le había dicho otra vez: «El hombre no sabe verdaderamente más que lo que experimenta.» Seguro que él había experimentado todo lo que decía. Hablaba con tantísima verdad, que León se sintió de repente lleno de dulzura y de espanto al darse cuenta de que era el confidente privilegiado de una experiencia así. Francisco continuaba su trabajo, y su mano tejía el mimbre sin temblar, como jugando.

Capítulo XII

Más lleno de sol que el verano

Las cigarras cantaban en el pinar de alrededor de la ermita. Eran los primeros días de junio. Hacía mucho calor. Un sol implacable echaba llamas en el azul deslumbrante del cielo. Los rayos violentos y espesos caían como una lluvia de fuego. Nada escapaba a este incendio. En el bosque, las cortezas de los árboles crujían con el calor. Sobre las cuestas escarpadas de la montaña se secaba la hierba y amarilleaba entre las rocas calientes. A la orilla del bosque los arbolitos y las plantas pequeñas, todavía infladas por las lluvias de primavera, bajaban tristemente la cabeza. Sin embargo, junto al pequeño oratorio, algunos manzanos cuyas hojas comenzaban a llenarse de frutos, parecían estar muy bien en medio de este calor. El gran sol, como el fuego, pone a prueba los seres. Les obliga a revelarse. Ninguna hinchazón se le resiste. No deja lugar más que a la madurez. Sólo el árbol que ha anudado sus frutos se ofrece sin miedo a su brillo y a su ardor.

En las horas más cálidas del día, le gustaba a Francisco venir bajo los pinos. Escuchaba a las cigarras y se asociaba interiormente a su canto. Seguía mal de los ojos, pero su corazón estaba tranquilo. En medio del gran calor gustaba ya la paz de la tarde.

A veces pensaba en el cercano capítulo de Pentecostés, en la cantidad de hermanos que en esta ocasión iba a ver reunidos en Asís. Se imaginaba las dificultades que de nuevo iban a surgir y mostrarse, más fuertes y más temibles que nunca, en el seno de su gran familia, pero pensaba en ello ahora, sin la menor turbación, sin que se le apretara el corazón. Aun los recuerdos penosos que ese pensamiento traía inevitablemente a su alma no le alteraba su serenidad. No es que se hubiera hecho indiferente. El amor por los suyos y sus exigencias no habían cesado de crecer y profundizarse, pero estaba en paz, para él también la hora de la madurez había llegado. No se cuidaba de saber si él llevaría muchos frutos, pero velaba para que su fruto no fuera amargo. Sólo eso importaba. Sabía que todo lo demás le sería dado por añadidura. Por encima de él las cigarras no dejaban de cantar. Sus notas estridentes tenían el brillo de la llama; caían de las ramas altas semejantes a lenguas de fuego.

Francisco estaba sentado en el pinar cuando vio venir hacia él a través del bosque a un hermano alto, todavía joven, de andar lento pero decidido. Reconoció al hermano Tancredo. Francisco se levantó, fue hacia él y lo abrazó.

—¡Paz a ti!—le dijo— ¡Qué agradable sorpresa me das! ¡Qué calor habrás pasado subiendo!

—Sí, padre—respondió el hermano, secándose la frente y la cara con la manga—, pero no importa.

El hermano levantó la cabeza y suspiró. Francisco le invitó a sentarse a la sombra de los pinos.

—¿Qué es lo que no marcha bien? Cuenta.

—Ya lo sabes, padre—dijo Tancredo—. Desde que no estás entre nosotros, la situación no ha cesado de empeorar. Los hermanos, hablo de los que quieren permanecer fieles a la regla y a tu ejemplo, están desanimados y desorientados. Se les dice y se les repite que tú te has quedado atrás, que es preciso saber adaptarse y, por esto, inspirarse en la organización de las otras grandes Ordenes y que es necesario formar sabios que puedan rivalizar con los de otras Ordenes, que la simplicidad y la pobreza son cosas muy bellas, pero que no hay que exagerarlas y que, en todo caso, no bastan, que la ciencia, el poder y el dinero son también indispensables para obrar y para lograr algo. Eso es lo que dicen.

—Seguramente siguen siendo los mismos los que hablan así—observó simplemente Francisco.

—Sí, padre. Son los mismos. Tú los conoces. Se les llama los innovadores, pero han seducido a muchos y la desgracia es que, por reacción contra ellos, algunos hermanos se dejan ir a toda clase de excentricidades del peor gusto, bajo pretexto de austeridad y de simplicidad evangélicas. Por ejemplo, los hermanos que han tenido que ser llamados al orden recientemente por el obispo de Fondi, porque se descuidaban completamente y dejaban crecer una barba de largura desmesurada. Otros han salido de la obediencia y se han casado. No se dan cuenta de que obrando así desacreditan a todos los hermanos y echan agua al molino de los innovadores. Ante tales abusos, éstos tienen buena ocasión para imponer su voluntad; se presentan como defensores de la regla. Cogido entre estos innovadores y estos excéntricos está el rebañito fiel, que gime porque está sin pastor. Una verdadera pena. En fin, se acerca el capítulo de Pentecostés. Es nuestra última esperanza. ¿Vendrás a él, padre?

—Sí, iré. Pienso incluso ponerme en camino sin tardar—respondió simplemente Francisco.

—Los hermanos fieles esperan que vas a volver a tomar el gobierno y que reprimirás los abusos y rechazarás a los recalcitrantes, que ya es hora.

—¿Crees tú que los otros querrán saber de mí? —preguntó Francisco.

—Es preciso imponerse, padre, hablándoles claro y fuerte y amenazándoles con sanciones. Es preciso resistirles de cara. No hay más que ese medio—volvió a decir Tancredo.

Francisco no respondió. Cantaban las cigarras. El bosque suspiraba por momentos. Una ligera brisa atravesó el pinar, levantando un olor fuerte a resina. Francisco se callaba.

Su mirada estaba fija en el suelo sembrado de agujas y de ramitas secas. Se puso a pensar que la menor chispa caída al azar sobre esta alfombra bastaría para abrasar todo el bosque.

—Escucha—dijo Francisco después de algunos instantes de silencio—. No quiero dejarte en ilusión. Hablaré claro, puesto que lo deseas. No me consideraría hermano menor si no estuviese en este estado. Yo soy el superior de mis hermanos, voy al capítulo, hago allí un sermón, doy mi parecer, y si cuando he terminado me dicen: «Tú no tienes lo que nos hace falta, eres iletrado, despreciable; ya no te queremos como superior, porque no tienes ninguna elocuencia, eres simple y pasado.» Y soy arrojado vergonzosamente, cargado del desprecio universal. Pues mira: te digo, si no recibo eso con la misma frente, con la misma alegría interior y conservando idéntica mi voluntad de santificación, yo no soy, pero de ningún modo, un hermano menor.

—Muy bien, padre, pero eso no resuelve la cuestión —objetó Tancredo.

—¿Qué cuestión?—preguntó Francisco.

Tancredo le miró con una cara espantada.

—¿Qué cuestión?—repitió Francisco.

—Pues la de la Orden—exclamó Tancredo—. Acabas de describirme tu estado de alma. Yo te admiro, pero no puedes pararte en ese punto de vista personal y pensar únicamente en tu perfección. ¡Están los otros! Tú eres su guía y su padre. No puedes abandonarlos. Tienen derecho a tu apoyo. Es preciso no olvidarlos.

—Es verdad, Tancredo. Están los otros. He pensado muchísimo en esto, créeme—dijo Francisco—, pero no se ayuda a los hombres a practicar la dulzura y la paciencia evangélicas comenzando por golpear con el puño a todos los que no son de nuestro parecer, sino más bien aceptando uno mismo los golpes.

—¿Y dónde te dejas la cólera de Dios?—replicó vivamente Tancredo—. Hay cóleras santas. Cristo hizo restallar el látigo por encima de la cabeza de los vendedores, y no solamente por encima de sus cabezas, sin duda. A veces es necesario arrojar a los vendedores del templo. Sí, con pérdida y ruido. Eso también es imitar a Cristo.

Tancredo había elevado el tono. Se había animado. Hablaba con furia. Con gestos terminantes. Su rostro se había enrojecido. Hizo un movimiento para levantarse, pero Francisco le puso la mano sobre el hombro y lo retuvo.

—Vamos, hermano Tancredo, escúchame un poco —le dijo con calma—. Si el Señor quisiera arrojar de delante de su rostro todo lo que hay de impuro y de indigno, ¿crees que habría muchos que pudiesen encontrar gracia? Seríamos todos barridos, pobre amigo mío. Nosotros como los otros. No hay tanta diferencia entre los hombres desde este punto de vista. Felizmente, a Dios no le gusta hacer limpieza por el vacío. Eso es lo que nos salva. Ha arrojado una vez a los vendedores del templo. Lo ha hecho para mostrarnos que El era el dueño de su casa, pero, ya lo habrás notado, no lo ha hecho más que una sola vez y como jugando, después de lo cual se ofreció a Sí mismo a los golpes de sus perseguidores, y nos ha mostrado de ese modo lo que es la paciencia de Dios. No una impotencia de tratar con rigor, sino una voluntad de amar que no se retira.

—Sí, padre, pero obrando como dices abandonas la partida pura y simplemente. La Orden irá a su pérdida y la Iglesia sufrirá mucho con ello. En lugar de un renuevo no contará sino con una ruina más. Eso es todo—replicó Tancredo.

—Pues bien: yo te lo digo. La Orden continuará, a pesar de todo—afirmó Francisco con vigor, pero sin salir de su calma—. El Señor me ha dado esta seguridad. El porvenir de la Orden es asunto suyo. Si los hermanos son infieles, suscitará a otros y es posible que ya hayan nacido. En cuanto a mí, el Señor no me ha pedido convencer a los hombres a fuerza de elocuencia o de ciencia, menos aún de obligarlos. Simplemente me ha hecho saber que yo debía vivir según la forma del santo Evangelio, y cuando me dio hermanos hice escribir una regla en pocas palabras. El señor Papa me la confirmó. Entonces estábamos sin pretensiones y sometidos a todos; yo quiero permanecer en este estado hasta el fin.

—Entonces, ¿hay que dejar que los otros obren a su aire y soportarlo todo sin decir nada?—volvió a decir Tancredo.

—En cuanto a mí—dijo Francisco—, yo quiero estar sometido a todos los hombres y a todas las criaturas de este mundo, tanto como desde lo alto Dios lo permita. Tal es la condición del hermano menor.

—No, en eso verdaderamente yo no te sigo; no te comprendo—dijo Tancredo.

—No me comprendes—respondió Francisco—porque esta actitud de humildad y de sumisión te parece cobardía y pasividad, pero se trata de algo muy distinto. Yo también he estado mucho tiempo sin comprender, medio abatido en la noche, como un pajarito cogido en la trampa, pero el Señor tuvo piedad de mí, me ha hecho ver que la más alta actividad del hombre y su madurez no consiste en la prosecución de una idea, por muy elevada y muy santa que sea, sino en la aceptación humilde y alegre de lo que es, de todo lo que es. El hombre que sigue su idea permanece cerrado en sí mismo. No comunica verdaderamente con los otros seres. No llega a conocer nunca el universo. Le falta el silencio, la profundidad y la paz. La profundidad de un hombre está en su poder de acogimiento. La mayor parte de los hombres permanecen aislados en sí mismos, a pesar de todas las apariencias. Son como insectos que no llegan a despojarse de su caparazón. Se agitan desesperadamente en el interior de sus límites. A fin de cuentas, se encuentran como al principio. Creen haber cambiado algo, pero mueren sin haber visto ni siquiera la luz. No se han despertado nunca a la realidad. Han vivido en sueños.

Tancredo se callaba. Las palabras de Francisco le parecían tan extrañas... ¿Era Francisco o él el que soñaba? Le irritaba verse colocado entre los soñadores. El estaba seguro de sí, de lo que veía y de lo que sentía.

—Pero entonces, ¿todos los que intentan hacer algo

en este mundo son soñadores?—dijo después de un momento de silencio.

—Yo no digo eso—respondió Francisco—, pero pienso que es difícil aceptar la realidad. Y, a decir verdad, ningún hombre la acepta nunca totalmente. Queremos siempre añadir un codo a nuestra estatura, de una u otra manera. Tal es el fin de la mayor parte de nuestras acciones. Aun cuando pensamos trabajar por el reino de Dios es muchas veces eso lo que buscamos, hasta que un día tropezando con un fracaso, un fracaso profundo, no nos queda más que esta sola realidad desmesurada: Dios es. Descubrimos entonces que no hay más todopoderoso que El, y que El es el solo Santo, el solo Bueno. El hombre que acepta esta realidad y que se goza hasta el fondo de ella ha encontrado la paz. Dios es, y eso basta. Pase lo que pase, está Dios, el esplendor de Dios. Basta que Dios sea Dios. Sólo el hombre que acepta a Dios de esta manera es capaz de aceptarse verdaderamente a sí mismo. Se hace libre de todo querer particular. Ninguna otra cosa viene a turbar en él el juego divino de la creación. Su querer se ha simplificado y al mismo tiempo se hace vasto y hondo como el mundo. Un simple y puro querer de Dios, que abraza todo, que acoge todo. Ya nada le separa del acto creador. Está enteramente abierto a la acción de Dios, que hace de él lo que quiere, que le lleva a donde quiere, y esta santa obediencia le da acceso a las profundidades del universo, a la potencia que mueve los astros y que hace abrirse tan grasiosamente las más humildes flores del campo. Ve claro en el interior del mundo. Descubre esa soberana bondad que está en el origen de todos los seres y que estará un día toda entera en todos, pero él la ve ya esparcida y extendida en cada ser. Participa él mismo en la gran forma de la bondad. Se hace misericordioso, solar, como el Padre, que hace resplandecer su sol con la misma prodigalidad sobre los buenos y los malos. ¡Ah, hermano Tancredo!, ¡qué grande es la gloria de Dios! ¡Y el mundo rezuma de su bondad y de su misericordia!

—Pero en el mundo—contestó Tancredo—están también la falta y el mal. No podemos dejar de verlos y en su presencia no tenemos derecho a permanecer indiferentes. Desgraciados de nosotros si, por nuestro silencio o nuestra inacción, los malos se endurecen en su malicia y triunfan.

—Es verdad; no tenemos derecho a permanecer indiferentes ante el mal y el pecado—respondió Francisco—, pero tampoco debemos irritarnos y turbarnos. Nuestra turbación y nuestra irritación no pueden más que herir la caridad en nosotros mismos y en los otros. Nos es preciso aprender a ver el mal y el pecado como Dios lo ve. Eso es precisamente lo difícil, porque donde nosotros vemos naturalmente una falta a condenar y a castigar, Dios ve primeramente una miseria a socorrer. El Todopoderoso es también el más dulce de los seres, el más paciente. En Dios no hay ni la menor traza de resentimiento. Cuando su criatura se revuelve contra El y le ofende, sigue siendo a sus ojos su criatura. Podría destruirla, desde luego, pero ¿qué placer puede encontrar Dios en destruir lo que ha hecho con tanto amor? Todo lo que El ha creado tiene raíces tan profundas en El... Es el más desarmado de todos los seres frente a sus criaturas, como una madre ante su hijo. Ahí está el secreto de esta paciencia enorme que, a veces, nos escandaliza. Dios es semejante al padre de familia ante sus hijos ya mayores y ávidos de adquirir su independencia. Queréis marcharos, estáis impacientes por hacer vuestra vida, cada uno por su lado. Bien, pues yo quiero deciros esto antes de que partáis: «Si algún día tenéis un disgusto, si estáis en la miseria, sabed que yo estoy siempre aquí. Mi puerta os está completamente abierta, de día y de noche. Podéis venir siempre, estaréis siempre en vuestra casa y yo haré todo por socorreros. Aunque todas las puertas estuvieran cerradas, la mía siempre os está abierta.» Dios está hecho así, hermano Tancredo. Nadie ama como El, pero nosotros debemos intentar imitarle. Hasta ahora no hemos hecho todavía nada. Empecemos, pues, a hacer algo.

Pero ¿por dónde comenzar?; padre, dímelo—preguntó Tancredo.

—La cosa más urgente—dijo Francisco—es desear tener el Espíritu del Señor. El solo puede hacernos buenos, profundamente buenos, con una bondad que es una sola cosa con nuestro ser más profundo.

Se calló un instante y después volvió a decir:

—El Señor nos ha enviado a evangelizar a los hombres, pero ¿has pensado ya lo que es evangelizar a los hombres? Mira, evangelizar a un hombre es decirle: «Tú también eres amado de Dios en el Señor Jesús.» Y no sólo decírselo, sino pensarlo realmente. Y no sólo pensarlo, sino portarse con este hombre de tal manera que sienta y descubra que hay en él algo de salvado, algo más grande y más noble de lo que él pensaba, y que se despierte así a una nueva conciencia de sí. Eso es anunciarle la Buena Nueva y eso no podemos hacerlo más que ofreciéndole nuestra amistad; una amistad real, desinteresada, sin condescendencia, hecha de confianza y de estima profundas. Es preciso ir hacia los hombres. [La tarea es delicada. El mundo de los hombres es un inmenso campo de lucha por la riqueza y el poder, y demasiados sufrimientos y atrocidades les ocultan el rostro de Dios.] Es preciso, sobre todo, que al ir hacia ellos no les aparezcamos como una nueva especie de competidores. Debemos ser en medio de ellos testigos pacíficos del Todopoderoso, hombres sin avaricias y sin desprecios, capaces de hacerse realmente sus amigos. Es nuestra amistad lo que ellos esperan, una amistad que les haga sentir que son amados de Dios y salvados en Jesucristo.

El sol había caído detrás de los montes y bruscamente había refrescado el aire, el viento se había levantado y sacudía los árboles, era ya casi de noche y se oía subir de todas partes el canto ininterrumpido de las cigarras.

colección
MARAN ATHA

1. **POR LOS CAMINOS DEL MUNDO (I)**
René Voillaume
123001 *

2. **CARTAS A LOS HERMANOS (II)**
René Voillaume
123002

3. **AL SERVICIO DE LOS HOMBRES (III)**
René Voillaume
123003

4. **SABIDURIA DE UN POBRE**
Eloi Leclerc
123004

5. **TESTIGO EN EL CAMINO**
M. Domínguez Barberá
123005

6. **LA POBREZA Y EL HOMBRE DE HOY**
P. R. Regamey
123006

7. **EL MISTERIO DE NUESTRA INTIMIDAD CON DIOS**
L. J. Callens
123007

---

* Indique este número delante del título al hacer su pedido.

NOSTALGIA
DE DIOS
DIMITRI DE MARCO

Where Babies Come From...
Women's Health Center
at North Fulton Regional Hospital
(770) 751-2687